不当教书匠
要做教育家

解子光的教育生命志

吴晓鸣 著

四川教育出版社

图书在版编目（CIP）数据

不当教书匠，要做教育家 / 吴晓鸣著. -- 成都：四川教育出版社, 2025. 4. -- ISBN 978-7-5408-9707-9

Ⅰ. G637.1

中国国家版本馆CIP数据核字第20259B606X号

不当教书匠，要做教育家
BU DANG JIAOSHUJIANG, YAO ZUO JIAOYUJIA

吴晓鸣 著

出 品 人	雷 华
策划组稿	卢亚兵
责任编辑	李萌芽
责任校对	刘正含
封面设计	成都编悦文化传播有限公司
版式设计	四川胜翔数码印务设计有限公司
责任印制	李栩彤
出版发行	四川教育出版社
地　　址	四川省成都市锦江区三色路238号新华之星A座
邮政编码	610023
网　　址	www.chuanjiaoshe.com
制　　作	四川胜翔数码印务设计有限公司
印　　刷	四川省平轩印务有限公司
版　　次	2025年4月第1版
印　　次	2025年4月第1次印刷
开　　本	787 mm×1092 mm　1/16
印　　张	13
字　　数	163千
书　　号	ISBN 978-7-5408-9707-9
定　　价	59.00元

如发现质量问题，请与本社联系。总编室电话：（028）86365120

解子光（1922—2010）

我的"魂"何所归？

这里，有我"生命之流"的"魂"。

二十世纪二十年代末入成都县立第一小学读书；
1942年始离开成都县立中学（即今石室）去武汉大学；
1947年毕业回成都，先后四所中学作教师；
1950年到1980年，除有一年半在华西大学兼课外，
　一直在华阳县中、石室中学、母校九中作学校领导
　兼兼教师。特别是在母校（成都九中）生活了整整又
　二十五年。
1977到1980年在机关工作，还是"教育"；
1983到1990年在办个教育学会办"教育辑刊"与"教育探讨"季
　刊，任主编，还是"教育"。
二十世纪八十年代至九十年代参与省中学教育学会之编辑
　工作历年，又任"教联"（省会联席连职副会长）
1984到1994年关心编写《教育志》事，还是教育。

总之，我的"魂"始终在"教育"，尤其在这"成都"地方
的教育中矣！"魂"兮，归来乎？

　　　　　　　解子光　2001年2月12日

解子光自述手稿

本书编委会

顾　问

刘国璋

主　任

易国栋　张　翼

主要撰稿人

吴晓鸣　罗晓晖

成　员

戴高龄　王志坚　吴晓鸣　罗晓晖　周继平　安礼玲

序

先生之风，山高水长

徐荣凯

时值成都七中建校百廿华诞，母校寄来书稿《不当教书匠，要做教育家》，小心捧读，墨香氤氲间，仿佛又进七中校门，闻少年书声琅琅，见墨池繁花生树、雏鹰唳天。作为七中学子，我曾亲历解子光校长执掌校务的岁月；如今以耄耋之身，再读恩师故事，为书稿作序，心怀激荡，荣幸之余更觉责任重大。

成都七中，肇始于墨池书院。千年文脉，浸润着扬雄"默而好深湛之思"的哲人风骨，更滋养了"博雅谨严，义利分明"的教育传统。解子光校长长于斯，成于斯，少年负笈成都县立中学，青年求学珞珈山，中年执掌七中校政，壮年主政成都教育，晚年编纂百年校志。他的一生，恰似墨池春水，静默流淌，润泽桃李万千。

1954年，解子光接任七中校长，三年后我进入成都七中就读。课堂上解校长要求极为严格，我的作文本上也曾留下他的亲笔批注；上课之余解校长鼓励我们多读书，至今记得三楼阅览室一座难求的景象。课外兴趣小组百花齐放，身边同学才华横溢，校园里充满蓬勃生命气息，那三年，是我一生中永远也抹不掉的记忆。今日翻阅书稿，竟读到"解子光后来说，那是他最愉悦的时光"，方知当年三尺讲台的严苛里沉淀着师长守望的温柔，方知艰难岁月里先生矢志不渝的可贵坚守。

彼时新中国初立，百废待兴，教育兴国理想与政治风云激荡交织。他提出"必须以教学为主"，力倡教师"不当教书匠，要做教育家"。他顶住压力保护师生，托举学子叩开大学之门；龙泉山分校的茅檐下，他带病授课，与学生同吃同住；油印室的昏灯前，他刻写教材，字字力透纸背。即使在曲折困惑的年代里，他也始终未改教育报国之志。这份"辨得义利因无私"的胆识，正是"君子义以为上"的当代诠释，是一位教育者在困顿中对教育之义的磊落践行。

书中详述了解校长早年受教于成都县立中学硕彦名儒的经历。龚向农先生作词的校歌"子云玄达兮，含章挺生"，李雅南、周信公等师长"清贫自守、奋发敬业"的师道精神，早在他心中埋下为学为人的种子："为学，要博雅而谨严。""为人，要把持住义、利之辨。""归到品格，则力戒浮躁，极反媚俗。"这三句话，源自成都县立中学的教育熏陶，更成为他毕生践行的圭臬。

解校长常说："没有爱就没有教育。"他推崇扬雄"不戚戚于贫贱，不汲汲于富贵"的品格，更将渊默不媚俗的风骨融入治校理念。他要求教师学为"通人"，鼓励学生"敢说、敢想、敢创新"；他躬身示范，兼授哲学、政治、英语、文学，以全科素养诠释"博雅"真义。

晚年的解校长，独居陋室，与书为伴。卧室床榻半为书卷所占，生命之流贯穿教育精魂。编纂《成都七中校志（1905—2005）》时，他以八旬病躯逐字批注，蝇头小楷写满稿笺。书成之日，他题字自勉："我这'生命之流'最后一次'默默之奉献'，竟在于此，天意也。"此等境界，恰如太史公之言："高山仰止，景行行止。"

解子光校长离去已十余载，然其精神早已融入七中血脉。今日七中，名师荟萃，英才辈出，"审是迁善，模范群伦"的校训薪火相传。从"要发展学生兴趣爱好"到"三体"教育（即"着眼整体发展，立足个体成才，充分发挥学生主体作用"），历代校长承其遗绪，守正创新；从"墨池书院"到"全球视野"，万千学子沐其德泽，志在青云。

作为曾沐浴其教诲的学子，我尤难忘怀他的"顽固而友善，睿智而从容"。记忆中的简陋书屋，他坐于桌前，右手握笔，左手夹烟，目光如炬；今日翻开书页，那支燃烧的烟、那堵书砌的墙、那只蜷卧被中的老猫，俱成永恒意象。他的一生，是"国之大义，重于泰山，勇于担当，敢为人先"的真实写照，更是"不当教书匠，要做教育家"的辉煌注释。

《不当教书匠，要做教育家》一书以时间脉络与主题分类相结合的方式，系统梳理了解子光的生平、教育理念与实践，以及他对成都七中发展的深远影响，特别强调其教育思想的源头，凸显其"一心办好学校"的初心，展现其在义利之辨中的无私品格、"力戒浮躁，极反媚俗"的教育家风骨以及静默耕耘的学者精神。《不当教书匠，要做教育家》不仅是一个人的教育故事，更是以解校长为代表的一代代七中人从教育立国到教育强国的执着实践，是我的母校为中国基础教育所做贡献的不辍弦歌。

如今，成都七中已走过一百二十年的光辉历程，这所学校见证了无数教育者的辛勤付出和莘莘学子的成长与梦想。解子光校长作为其中的杰出代表,他的教育思想和实践经验对于我们今天的教育事业仍然具有重要的启示和借鉴意义。在呼唤教育家精神的新时代,重读解校长的故事,我们终将懂得:真正的教育家,从不在云端布道,而是将"心有大我、至诚报国的理想信念"融入行为世范、甘于奉献的崇高追求里,把"胸怀天下、以文化人的弘道追求"化在启智润心、笃行创新的坚定步伐里。

值此七中百廿校庆,谨以此序致敬解校长,致敬所有如他一般"把持义利,极反媚俗"的教育者。

先生之风,山高水长;师道之传,薪火永光。

乙巳年仲春

徐荣凯,1942年出生,成都七中高60级学生,1960年考入清华大学,其间任校学生会主席、北京市学联主席。清华大学经济学博士。

目 录

| 序章 |

无尽追思无尽情 / 001

| 第一章 |

道德学问初养成 / 007

　　　　从墨池书院到成都县中 / 011

　　　　成都县中对解子光的影响 / 018

　　　　从成都县中到武汉大学 / 023

| 第二章 |

初心不与时推移 / 033

　　　　接任校长，引领群英 / 035

　　　　"必须以教学为主" / 038

　　　　顶住压力保老师 / 042

名师荟萃，教风严谨 / 043

　　用人唯贤，放手管理 / 046

　　两位教师的回忆 / 048

　　爱惜学生，尊重教师 / 052

　　一份关于"劳逸结合"的校长布告 / 054

　　学校应该是充满生命气息的地方 / 058

| 第三章 |

矢志不渝谋振兴 / 061

　　正是春寒料峭时 / 063

　　无边光景一时新 / 069

　　拨乱反正，落实政策 / 077

　　学者型局长 / 084

| 第四章 |

辨得义利因无私 / 091

　　师者道心，风骨自存 / 093

　　传道授业，教师大义 / 097

　　利于他人，讲求仁义 / 099

　　"老师要当抱鸡婆" / 102

　　寻求真相，宽容待生 / 106

志道则不言利，不耻恶衣恶食 / 108

国之大义，重于泰山 / 110

| 第五章 |

君子渊默不媚俗 / 113

沉默坚韧，淡视浮沉 / 115

朴实育人，淡泊明志 / 117

默守正道，教魂坚定 / 119

躬耕墨池，烛照无声 / 120

| 第六章 |

老来犹抱赤子心 / 123

主持编纂百年校志 / 125

"2005 级特班" / 136

最后的冲刺：鞠躬尽瘁，死而后已 / 143

| 第七章 |

斯人已去风范存 / 147

教育是我"生命之流"的"魂" / 149

解子光与他之后的成都七中 / 154

何以七中，七中何为？ / 159

| 附 录 |

　　解子光简历 / 166

　　成都七中——与中国百年教育史同步的名校

　　　　　　　　　　　　　　　解子光　朱　正 / 168

后　记 / 191

序 章 / **无尽追思无尽情**

2011年7月25日。

四川盆地的夏天，闷热，潮湿。

成都，磨子桥，成都七中。

两鬓斑白、步履蹒跚的老人，三三两两，陆陆续续，走进成都七中大门。

他们表情凝重，低声絮语着。

成都七中历任校长们来了，戴高龄、王志坚、刘国伟……

成都县立中学、成都县立女子中学和成都七中的各级校友们来了。

他们走到大厅签到桌前，表情肃穆地签下自己的姓名，领一张小卡片、一支康乃馨。

那些新鲜的康乃馨五颜六色，温馨又灿烂。

他们走进音乐厅，将手里的康乃馨放在舞台边上，退后一步，恭恭敬敬地鞠躬。

舞台上矗立着一幅大型彩喷，米黄色的底，淡墨色的高山和青松，上面写着几行大字：

弘扬七中精神，缅怀一代宗师。

解校长，我们永远怀念您。

成都七中校友会 2011年7月25日

一位老人的照片位于大型彩喷的中央，他右手握笔，左手夹烟，专心致志地看着不知是稿件还是备课本，身后是一堵书墙。

照片下面有一行字：解子光 1922—2010。

这是成都七中为一年前去世的老校长解子光举行的追思会现场。

贝多芬的《C小调第五交响曲》在音乐厅低声回旋，头发已然花白的学生说，这是解校长最喜欢的乐曲。

在解子光校长八十八年的人生中，有三十二年与成都七中相连，他把七中视为"母亲"，而今天，他的"妈校"在为她的赤子举行一场特别的追思会。

追思会现场，近三百名白发老人集体追思这位成都七中的老校长。他们说，解子光校长是一生扑在教育、扑在成都七中上的真正的教育家，他一生的奋斗和喜悦都融于这里。

这是一场独特的追思会，是所有七中人，尤其是曾经与解子光校长共事过的同事、被解子光校长教育过的学生的强烈心愿。他们想弥补一个遗憾，好好地与老校长告个别，再向他说说自己的心里话。就像高56级校友、四川大学教授沈际洪所言："解校长的子女严格按照遗嘱不举办追悼会，今天这个追思会是我们学生组织的，说实话，解老真的'当得起'。"

"当得起"是学生最朴实的心声，这群昔日的学生，不仅仅把解子光校长视为校长，还视之为恩师和人生的指路人。在追思会上，学生们先后上台，回忆了与解子光校长的点点滴滴。

中国工程院院士张兴栋感慨在成都七中的那段时光对自己的影响。他说："它塑造了我的人生观，对我的一生都有决定性作用。"当时他们班被称为"费头子班"，一年换了三个班主任。但后来高考，全班全部考上大学。"解老很注重培养学生的各项能力，比如音乐、体育，等等，而不是死读书。""我们那个班当时很调皮，却对解老十分感激。他的教育思想很超前，又十分关心学生。我们初中的那个小班一共走出了三名院士，有我、叶尚福、彭堃墀。"一班三院士，创造了成都中学教育的一个神话。

国际原子能机构模型参数协调研究计划中国首席科学家苏宗涤，1957年时正读高三，解子光校长劝说他要大气一些，看得长远一些，不要纠缠在细枝末节的小事上。两个月后，他考入大学。"是他的一席话，让我尽快地振作起来。"

在原中国科学院减灾中心主任王昂生的眼里，解子光校长不仅是博学多才的老师，更是大公无私、凡事为学生着想的"家长"。"可以说，他的一个举动决定了我的一生。"王昂生介绍，1958年他高中毕业那会儿，每门功课的最高分为五分，他有九门功课都得了满分，但政治和操行只得了四分。"那时候政治和操行的评分是依据出身、家庭，再加一点'个人表现'。根据当时的政策，我的出身、家庭最多得三分，只能上较差的本科或大专。解校长得知情况后很生气，他直接把我这两门功课的分数改成了五分，并加盖了校长印，我这才上了中国科学技术大学。"

老学生们一个个走上台，又走下台。

右手握笔，左手夹烟，专心致志地看稿件或备课本的老校长就这样静静地听着，成了一个真诚的聆听者。

老校长应该是欣慰的，看着他的学生们，看着他热爱的成都七中。

这似乎是一场永远也不会结束的追思会。解子光校长的思想早已深深刻在了七中的基因之中，影响着一代又一代的学子。

这天，成都市四大纸媒《成都晚报》《成都商报》《华西都市报》和《天府早报》的记者悉数前来，采访报道这场特殊的追思会。

无尽追思无尽情。

太史公在《史记·孔子世家》中有言:"高山仰止,景行行止。虽不能至,然心向往之。"高山景行,能当此誉者几人欤?解子光校长,庶几近之。

第一章

道德学问初养成

1934年,我十二岁,既不知好学,又十分调皮。考入母校后,没少给老师添乱。三两年后,方渐渐懂事。再经几年熏陶,终于将我送入了大学哲学课堂。在那民生凋敝、外敌入侵的岁月,教师群体中总有一大批清贫自守、奋发敬业的"艺术家",把我们这一代人培育成长。

——解子光

成都七中游艺楼一楼大厅，有一个古雅朴素的座屏，上面是高61级校友、作家林文询撰写的《墨池赋》：

人生百年事，树木十载功。当年翰羽飞扬，赢得世代称雄。墨洗一池，笔扫千军，西蜀自古好文风。千秋经脉潺湲，源承非止墨池扬雄；百年大树峥嵘，彪炳是乃芙蓉七中。叹半亩荷塘，不过旧时书生风雨残梦；喜一泓春水，方显今朝俊彦襟抱长虹。名师荟萃，碧梧栖凤，春风化雨，挥洒从容，三尺讲台启迪风光无穷；英才踊跃，繁星灼空，志在青云，歌唱大风，无涯学海描画青春出众。登临处，问子云故亭安在，但一派青翠郁郁葱葱。繁花生树，雏鹰唳天，碧水映苍穹。看一池涟漪，如诗如画，潜蛟卧龙。

"墨洗一池，笔扫千军，西蜀自古好文风。"墨池是七中的千秋经脉，也是解子光校长教育思想的源头。

相传西汉文学家扬雄当年在成都生活学习，其故宅有他的洗墨池，墨池于是和大学者扬雄结下了不解之缘，西蜀文风于此而盛。

到了宋代，为纪念扬雄，时人在青龙街的墨池遗址始建墨池书院，元代又在此重建墨池书院。当时它与成都的石室书院、草堂书院齐名。

清代道光年间，墨池书院再次在原址重建。清咸丰三年（1853），墨池书院的校园被一分为二——墙左为墨池书院,墙右为芙蓉书院。清末,墨池书院、芙蓉书院、锦江书院、潜溪书院并称为成都的四大书院。

寻找成都七中的文化源头和思想源头,寻找解子光的文化源头和教育思想源头,一定离不开墨池书院,以及与墨池书院一脉相承的成都县立中学①。

扬雄故居洗墨池

---

① 简称"成都县中",亦称"成县中"。

从墨池书院到成都县中

成都县中第八任校长孙少芝和第九任校长张佐时曾经在两人联合署名的《成都县立中学略史》中,对成都县中的历史沿革做了梳理。这篇《成都县立中学略史》文字清晰简练,对成都县中,也就是现在的成都七中1945年之前的历史,做了具有重要历史文献价值的梳理,由此我们对成都七中的这个重要历史阶段有了一个基本的认识。

> 成都之设芙蓉、墨池二书院,不识始自何岁。而书院之改学校,则在光绪三十一年(1905)四月。盖清室当拳祸之后,朝政日非,学术维新之说甚嚣尘上,蜀治僻左,风气较后,本限于西川为首善,至是时,县中耆绅始就芙蓉书院旧址及墨池书院一部,改建高等小学堂,并选县绅龚藩侯先生为总理,由学务处以四川总督名义委任之。
>
> 翌年九月龚先生去任,刘辛甫先生继之,奉令易总理之名为堂长,旋称监督。其后,经提学使司桐城方公旭考验,成绩优良,呈请学部改升四年制中学,并略置理化仪器。时光绪三十二年(1906)春也,本县之有中等学校盖肇端于此。民国光复,监督改称校长,而中学第四班亦于是年入校。尝任本校教职员之胡卫于、江公笃、张绍尹、黄绍阶、李公甫诸先生均是级之俊秀也。
>
> 刘先生于民国七年(1918)去任,余苍逸先生继之。余先生于民国八年(1919)五月去任,龚向农先生继之。

先是校中图籍极少，龚先生至，始贸置故书值两千余金，校中生徒乃得于课外有所浏览。龚先生于民国十三年（1924）九月去任，裴亮中先生继之。翌年夏，教育部颁初级中学三年制之令，本校遂自初中第十八班改行新制，以迄于今。

其年九月，裴先生去任，继之为周子高先生。周先生掌教蜀都，能名凤著，故自其长斯校以来，师弟子之讲贯日以广，而校誉亦日以隆。周先生又分校属西城菜地一角，以为墨池学会会址。墨池学会者，历届肄业同学所结之学术团体也。

周先生之去任，期在民国十七年（1928）二月，吴照华先生继之。吴先生司铎多载，经历甚宏，故其任中每招考投牒应试者常千人，成中声誉遂得溢乎西蜀。然校事多故，亦自吴先生任内始。民国十九年（1930）秋某日午夜，本校图书馆无端起火，燎扬所及，实验室、办公室、教室暨经数藏之图书、仪器尽付焚如。阙翦之余，唯庶务室湫屋三椽。时开学之期不过三日耳，瓦砾毁庳，弦诵顿绝，吴校长乃关白当局，议办善后，并鸠工暂造板屋以为诵舍，而青衿乃得嗣音焉，吴校长后为缔构坚至横宇之谋，乃殚力于募集。

斯时，曾肄业本校中学第一班之孙君德操，任二十九军副军长，遂出其爱护母校之热忱，慨然独斥私财五千元，以为重葺之资。更商同驻区长官，得由官府清理处拨银两万元，二十九军驻区事务处拨银一万元，孙君又代募得五千元，于焉财力既厚，经营自易。而吴校长躬董其役，故不二岁而工成。计教室十，寝室二十六，理化实验室各一，而教室楼房则为自习室、实验室，楼房则为标本仪器室，礼堂楼房则为图书室，署曰"墨池图书馆"，孙君手笔也，轩豁坚壮，焕然翼然。

吴校长乃谋筹办高中，高中理科第一班遂得于民国二十年（1931）春季入学始业。先是校中原有经费，仅足初中之用，增办高中需款甚巨，吴校长力排万难，卒底于成，其经费则自成都田赋每年附加一万五千元，成都肉税项下，每年拨发一万元云。民国二十一年（1932）春，更增招理科第二班，而理化仪器、博物标本，胥尚阙如。吴校长乃请本校前体育主任罗仲渠先生赴沪购置，共费银万余元，其图书庋藏，则或出本校自置，或经人俟赠，亦得若干册，插架琳琅，寖复旧观。

是年秋，招收高中普通科第一班。其时县长李君景骅，欲于本校增办高中女生班。然本校校址素逼狭，自无容女生部之余地，吴校长谋并成小校址又不果，故普一班男女二部虽同时入校，而女普一班则暂假县女初中教室授课，本校本班之入堂则在二十二年（1933）春。

吾校于兹，已济济五百余人，旧有礼堂颇患湫隘。吴校长遂计建大礼堂五楹于乡贤扬子云先生墨池畔。其年暑假工始毕，丹漆斩斩，栋宇巍然。是年秋川战告终，号称统一，于成都设川西北教育经费收支处，吾校所拨肉税则目为省帑饬令交还。于是吾校高中岌岌之势成。二十三年（1934）春，吴校长为支柱危局计，乃自停薪俸。肉税既割，经费奇窘，锐意撙节仍不获济，故不得不改男高中为学年制，且停办女高中焉。

二十四年（1935）夏八月，成都县政会议中，聩聩者复提停办高中之议，幸吴校长谔谔力争，使得保留。乃吴校长竟于是月十五日辞职而去，七年以来，本校累经事变，得其毅力谋划，规模乃具，厥功甚伟，中道弃置，论者惜之。

孙少芝先生继之续执前修，更求新益。二十五年（1936）

春，自峨山集训归，改施军训之教。二十六年（1937）秋夷寇问鼎，梦寐弗宁，政府明令疏散。二十八年（1939）夏乃葺茅舍于西外茶店子，举校播迁，随流杂颠沛，而砥砺靡辍，弦诵弥奋。二十九年（1940）春，更高中为学期制。

孙校长遽以故去，张绍尹来长本校，励志图兴，而老师耆彦训教殷勤，故德业日茂，誉喷人口，巍存蜀中，超世作范，不惑时流。近年来斯文欲坠，唯我黉门巍立蜀中，先贤之风犹存，老成之典型尚在，耆儒硕旧训教勤殷，故尚能雍容道义，跌宕文史出斯门者，持身则正，治学则勤，执事则敬，战陈则勇，海内明达莫不知之，教育部曾屡锡旌扬。

孙少芝先生毕业于国立成都高等师范学校，该校正是现今四川大学的前身。他在1935年9月至1940年9月期间任成都县中第八任校长。

张佐时先生字绍尹，毕业于北平师范大学，是中国第一代教育学硕士。他在1940年9月至1945年9月期间任成都县中第九任校长。

1949年之前，成都有公立、私立中等学校几十所，人们公认成都县中、华阳县中、成都联中三所学校办得最好，称其为"成、华、联"。这三所学校的投考人数最多，录取也十分严格，录取率一般在2%～3%，考试绝对严明公正，择优录取。无论权贵富豪，绝无后门可走。如果谁家孩子在这三所学校读书，家长也会感到十分自豪。

解子光的求学之路，就是从这里开始的。

当年成都县中师资雄厚，尽是硕儒，师长无不饱读诗书，成就卓著。成都县中校歌的歌词作者龚向农先生，就是这样一位硕儒。

龚向农先生是成都县立中学第四任校长，曾是清朝举人，1919年5月至1924年9月任成都县中校长，后来在四川大学和华西大学任教授，还出任过成都高等师范学堂的监督。

龚向农先生学识渊博，见解精辟，为人德高望重，从无疾言厉色，备受学生尊敬景仰。他为成都县中校歌作词，歌词典雅：

> 井络吐曜兮，汶江炳灵。
> 蜀郡首都兮，世载其英。
> 长卿丽藻兮，庄君沉溟。
> 子云玄达兮，含章挺生。
> 四海考隽兮，八区擅名。
> 横舍洞启兮，弦诵盈庭。
> 忞忞慔慔兮，晞此芳声。

从墨池书院到成都县立高等小学堂，再到成都县中，从1905年到1949年，这四十五年，是中国近现代史上社会变革最为急剧的时期，是伟大而古老的中华民族在历经列强宰割、欺凌后，开始觉醒、抗争，经过无数革命先烈和广大民众的长期奋斗牺牲，终于站起来了的时期。

这四十五年，也是成都县中几代信奉教育救国论的知识分子群体相继努力、艰难开拓，从而使这所学校逐渐发展、壮大，并且有了自身独具之教书育人传统的时期。

建校初期的历届校长龚藩侯、刘辛甫、余苍逸、龚向农、裴中亮，教师庞石帚、向楚、赵少咸、林思进、王伯宜等人，有的曾是清朝举人、进士、翰林，有的是留学海外的学者。

这一群杰出的知识分子，既忧国忧民，崇尚孔孟的大同理想和民贵君轻思想，又深谙李鸿章、张之洞、王闿运等人所倡导的忍辱负重、学习西方先进技术的精神真谛。他们努力培养人才，"以中国经史之学为基"，"以西学瀹其知识，练其艺能"（见《奏定学堂章程》，1904年颁布），成效卓著，为学校以后的发展奠定了坚实的基础。

在五四运动"救亡图存"的历史潮流之下，成都县中进入一个崭新的历史阶段。国难催生的一代新型知识分子迅速成长起来：周子高、吴照华、孙少芝、张佐时、周开培、陈毓奇、孙琪华等校长，周太玄、李雅南、罗孟祯、陶亮生、文藻清、林如稷、贾题韬、周信公、龚谘善等优秀教师，以及从成都县中走出去的热心于教育事业的爱国将领孙震将军等，他们构成了成都七中历史上承上启下的一代。

他们大都自幼饱读经史，深受中国传统文化滋养，国学功底深厚；青壮年时期，又正值"欧风美雨"洒神州，促使他们睁眼看世界，甚或越洋过海，留学研修，真切感受了西方先进科学和民主自由思想的魅力。中华民族传统文化之根，是培养他们民族感情、爱国主义的本源；帝国主义列强带来的屈辱和"救亡图存"的爱国激情，无时不在撞击、激荡着他们的良知。

作为新一代的深受五四精神熏染的教育工作者，他们向学生推荐的课外读物是商务印书馆出版的《国耻小史》，而不是什么"复习备考资料"；在某些人企图把文化教育推向为权力服务的歧途之时，他们坚持"民为邦本"的思想，敢于抵制专制思想；他们信奉教育救国之说，以"身教"引导学生勤学、求知、务实来报效祖国，指点他们力戒浮躁地走富国强兵之路；他们摈弃做官发财思想，廉洁敬业，清贫自守；他们遵循思想自由原则，怀揣深研学问与肩负社会责任的自我期许与梦想；他们担起了唤起民众共同奋斗的重任，同时又非常注重科学、实业和教育，力求从根本上提高国民的素质，以实现屈原、贾谊、范仲淹等人的理想……

解子光在成都县中学习的六年，就是在这样一批有理想、有追求的师长的影响之下成长，他的思想的底色也正是在这一时期打下的。

20世纪20年代末30年代初，整个国家时局动荡，民生凋敝，且面临日本入侵的险恶形势；而巴蜀之地更是陷入军阀混战、天灾人祸的困境。成都县中和全国人民一致，团结在"抵抗侵略""抗日救亡"的大旗下，在周子高校长的"从高立法，从严执行"和吴照华校长的"国难教育"纲要的指导下，力克当时新旧学制更迭和经济拮据，以及遭遇严重火灾的困难，使学校"校誉日以隆"，规模日渐宏大，开办了高中理科班，花重金到上海购置了理化仪器、博物标本及图书，并礼聘德才兼备的学界名流执教。从那个时候开始，理工科基础课在成都县中一直受到重视，并且成为保持至今的成都七中的传统和特点。

也是从这个时期开始，学校所开课程的教学内容日益向高、深方向发展，教育的管理也向从严、从难方向对学生提出了"为学"与"做人"的更高要求。

正因如此，成都县中虽然录取率低，但高考升学率经常保持在80%及以上，有的时候甚至达到100%。在全国大学统考的时候，成都县中成为连续两次进入前十名行列中的三所中学之一，并因此获得当时教育部首批颁发的"启迪有方"匾额。

成都县中，成为解子光为学为人的开悟之地，并对其未来的人生产生了深远影响。

成都县中对解子光的影响

在《忆母校，说墨池与扬雄》①这篇文章里面，解子光深情地回忆在母校的求学生活，文中写道：

蜀人多乡情，尤崇道德文章甲天下者；非因其"名"能扬于神州，更缘于其学术着实有成，且其"为人"乃君子、绝非"乡愿"之流。是以身处两汉之间的扬雄深得故里人之恋念：虽明知子云溯江移家去郫县矣，仍要认定曾治学于城之西隅，并有洗墨池遗于斯；口耳相递一千余年，始终坚持在此兴建"墨池书院"传经育人，以续先哲之文脉。

继后沧桑世际，纵曾被毁、甚而沦为私人亭园，但育人大业必兴，故"墨池书院"复出；又八十余年后，近代学校代之而起，墨池风范迄今未绝。

新中国成立后第三年，四川老教育家张秀熟先生，时任川西教育厅厅长，在批复校方一报告时，曾嘱修葺校舍中要注意对墨池小塘"种以柳树、夹以桃花"。

揣其意，似非仅在保护古迹，乃在于提醒：处于历史的批判中，宜留心提取传统文化之精髓以走自己"传道、授业、解惑"之路。

老成都县中学子，代代传唱之校歌，其中一句"子云玄达

---

① 为尊重原文，本书对解子光本人文字尽量保留原貌，不按现行用法、写法改动。——编者注

今，含章挺生"就最是难以忘却；甚而毕业校友会之会名，各地多用"成县中""成都七中"等文字，然就有坚持"墨池校友会"而不变者。究其源，或谓"墨池"二字，乃为一种如何"为人"、如何"为学"的符号；这符号所指的是古今中外一切贤哲的群像而已，其中的一个，那就是扬雄。

"扬雄，字子云，蜀郡成都人也。"《华阳国志》及《汉书》均有传。据其列传可知：一，其"为学"，是博览群书、深思明辨的（"博览无所不见""默而好深湛之思"），故著作极丰厚（如《太玄》《法言》《训纂》《方言》等），几乎涉及哲学、文学、语言文字学等各领域，皆有很大贡献；依《华阳国志》说，在当时专家学者中是颇被人推崇的（"刘向父子桓谭等皆敬服之"）；依近人冯友兰说，则是中国哲学史中"经学时代"先于王充且属开创魏晋思想之路的历史人物，"扬雄能持《老》《易》之自然主义的宇宙观及人生观，实可谓有革命之意义也"（《中国哲学史》）。至于其他如任继愈等人之《中国哲学史》等几种，无不专章、专节对扬雄所著加以评说。二，其"为人"，班固"赞曰"："……恬于势力如是；实好古而乐道……用心于内、不求于外，于时人皆忽之……""忽"，颜师古注为"轻"也（《汉书》）。即是：既不好名，更不会去炒作，默默无闻，还被轻视，绝非当时之"名人"也。更重要的是《汉书》的又一评述是："清静亡为，少耆欲，不汲汲于富贵，不戚戚于贫贱，不修廉隅以徼名当世。家产不过十金，乏无儋石之储，晏如也。自有大度，非圣哲之书，不好也；非其意，虽富贵不事也。"用现在的话说，就是：不媚依权贵，不故作名士状以求虚名，心理上没有什么"不平衡"之抑压烦恼，却有"晏如也"的修养水平!

从这篇文章看得出来,解子光高度认同扬雄的思想,对扬雄的为学与为人有着独到而深刻的认识,尤其是对扬雄哲学思想的体认,更是凸显出解子光在哲学领域的深切思索。

扬雄与墨池,是成都七中的符号与图腾。

解子光晚年多次与成都县中的老校友相聚,他们每每在成都市的百花潭公园齐声吟唱成都县中校歌。校歌的歌词和旋律,勾起他们对母校深情的回忆,几十年后,校歌的旋律依然回旋在老校友的心中。回忆到此,在校歌中他们仿佛穿越了时光,重新坐在成都县中的教室里,想起影响了他们一生的那些老先生……

解子光回忆起在成都县中读初中、高中的生活,认为先生们的品德、学问,特别是母校老师给予他的"师道",对他思想上的影响是极为深刻的。他在《忆母校,议师道》文中写道:

> 1934年,我十二岁,既不知好学,又十分调皮。考入母校后,没少给老师添乱。三两年后,方渐渐懂事。再经几年熏陶,终于将我送入了大学哲学课堂。在那民生凋敝、外敌入侵的岁月,教师群体中总有一大批清贫自守、奋发敬业的"艺术家",把我们这一代人培育成长。在青龙街、茶店子、银桂桥的两千多个日日夜夜,至今在我记忆中还是那么新鲜,言之即不觉要动情。
>
> 国文教员李雅南先生、英语教员周信公先生、物理教员胡卫宇先生……他们已一一故去,但其音容风范始终伴着我以后的人生旅程。
>
> 他们传授过不少知识和技能,也讲过不少箴言与警句,但这

些我大都遗忘了；唯有那浸在心上一点似乎朦胧又似乎清晰的色彩却很难抹去，那就是他们对育人事业的虔诚，虔诚得有时近乎痴；那就是他们对是非标准的执着，执着得又颇类乎傻。还有就是他们每提到民族灾难、国耻历史时的悲愤之情，使我们永能具有对一切奴颜婢膝的蔑视。

以后，自己又做教师了。在教师岗位上的前几年，我曾多次问过自己：母校教师薪火相传予我的究竟是什么？当时曾归结成三句话："为学，要博雅而谨严。""为人，要把持住义、利之辨。""归到品格，则力戒浮躁，极反媚俗。"

现在想来，容或那时所提炼的语言还不准确，但这并不重要。重要的是能这么想过，而且，以后许多年总把它们作为自己力求"取法乎上"时的准则。

作为人，包括自己在内，无一例外都有弱点和谬误；作为学校和教师，更难摆脱历史的制约。然而，古有明训：经师易得、人师难求。既为"师"，就应始终求索一个道德标准以自律，才会既传"经"，又育"人"。可是，"道德"又正是个历史范畴。这似为矛盾的问题，那些年不止一次地给我以困惑。困惑，即要求解。但答案又往往未得到自己的首肯。

四年前，我告别了讲台。结束了自己教书生涯时，又一次想起昔日的老师们，也就又想到了曾有的困惑。于是，得出一个认识：一个道德命题，是可以赋予新义、作出新的诠释的；而类乎"奉献精神"等的"为人"之道，则是古今中外育人之道的根本，其"框架"是不变的。即如，为什么爱因斯坦是个已故的域外人，有句话却使我们感到亲切？他说："对个人的教育，除了要发挥他本人天赋的才能，还应当努力发展他对整个人类的责任感，以代替我们目前这个社会对权力和名利的赞扬。"又如西汉董仲舒说："正其谊不谋其利，明其道不计其功。"何谓"谊""利""道""功"？两千多年后的今天，也是可以注入社会主义内涵的，从而就使这"不谋""不计"显出个不变的"框架"来。作为"非匠人"与"非俗吏"的教师，他所终生追求的，正是这类"框架"在自己心灵上的清晰与成熟。

也许这个认识尚是个有争议的命题。但无论如何，一想到前述的三句话，就感到纵然自己并未完全做到其要求，而母校老师确曾给予了我这一点"师道"。就凭这点所"传"，使我一生从教，自然不能说总是于学生无愧，但可说总少了一点有之处。那么，也足以稍稍自慰了。从这个意义上说，借用佛家语，我永远想说一句："师恩难报。"

在这篇文章的末尾，解子光是这样落款的：

解子光，成都县中初中第40班、高中第9班学生。

从解子光这篇回忆成都县中师长、讲述自己成长过程的文字中，我们能看到墨池书院的精神，看到成都县中校长们、教师们的教育思想、教育宗旨，也即解子光口中的"师道"。

"为学，要博雅而谨严。""为人，要把持住义、利之辨。""归到品格，则力戒浮躁，极反媚俗。"解子光的这三句话，正是经成都县中的教育熏染而得。

解子光生前曾说，他的母校成都县中的那些先生，不但给予了他知识，更给予了他根植于灵魂深处的信仰与准则，以及先生们教育思想中"有尊严的多样性，有理想的包容性，健康心态的批判性"的独特部分。

教育思想、校长人格、精神风骨，一脉相承。

在解子光身上，有成都县中师长们的精神烙印，这烙印，很深很深，这正是解子光一生结缘教育的情怀所在。

一提到成都七中，解子光都呼为"妈校"。他总是说，"成都七中是我的妈校"。这个称呼代表了他对成都县中和成都七中的独特情感，他一生都对这里有强烈而深沉的依恋。

墨池书院、成都县中、成都七中所传承的师道，是一条清流，亦是一条充满灵性的河流，浇灌着学生们，包括初中和高中都就读于成都县中的解子光。

从成都县中到武汉大学

解子光从成都县中高中毕业后考入武汉大学，1942年至1947年在武汉大学哲学系求学。

2003年，武汉大学派在校学生采访散布在各地的武汉大学老校友。

两位武汉大学校友登门采访了解子光。一番亲切交谈后，两位小校友写下了题为《隔岸听涛——老校友解子光的故事》的文章。武汉大学隔代同窗间的交谈，令我们对解子光在武汉大学的求学过程有了初步的了解。

解子光本科毕业照

文中这样写道：

　　解子光，武汉大学哲学系42届学生，1947年毕业于珞珈山。此后一直在四川成都从事教育事业。退休后曾编写《成都地方志·教育卷》等。大学时代主攻印度哲学，晚年从事佛学研究。
　　刚刚开始对解子光老校友的采访，他就反过来问了我几个问题，我毫无准备，差一点就蒙了。
　　"你在武大毕业几年了？"
　　"我还没毕业呢，现在正在读书。"
　　"你多大了？"
　　"十九。"
　　"二十九？"（解老没听清）
　　"是十九岁。"

"这么小？你不可能了解历史的。你不会明白。"

"虽然我没有亲身经历过，但是我可以通过书籍、史料还有你们这些老校友去了解那个时代的事情和你们的思想。"

"嗨！不行，不行，你太年轻了，你不会了解。"

是的，我们的大学生活和他们是如此的不同。尽管我们就读于同一所大学。正如人们不能两次踏入同一条河流，今天的武大人也不可能是昨天的武大人。

解老说，他在大学时的理想有三个部分，其一是做学问，其二是改造世界，其三才是自己的爱情。这与罗素所说的三种动力不谋而合："对爱情的渴求，对知识的渴望，对人类苦难痛彻肺腑的怜悯。只是谁轻谁重有所不同。"

解老求知的时代，正是中华民族最为黑暗的时代。南京沦陷，重庆成为战时陪都。一时间，各大学纷纷内迁，他所在的四川成为各种文化交流、汇集、冲撞的中心。正是塞翁失马，焉知非福，他利用这来之不易的文化资源，勤奋苦读。

当时他读到由商务印书馆印行的东方黑格尔专家、武汉大学哲学系张真如教授留学时[①]的毕业论文。解老惊叹不已，暗下决心一定要来武大。高中毕业时，他在联考中填的志愿是这样的：第一志愿武大哲学系，第二志愿武大哲学系，第三志愿武大哲学系。

哲学，在新中国成立前堪称冷门，一个系的老师加学生总共才三十来人，冷冷清清。但是解老只有一个目的，即搞清楚黑格尔和康德哲学，仅此而已。

---

① 在本文的一份复印件上，解子光在此处用钢笔添加上"用英语写"四个字。——编者注

进入武大哲学系,他接触到更多才华横溢的名师大家:万卓恒、缪朗山、吴宓、金克木、朱光潜……

他反复提到:"我接触到的这些教授们,最大的特点就是博学、严谨、不浮躁、不媚俗、不张扬。他们都有很怪的脾气,他们是怪人,怪人你知道吗?我也是怪人。我一身的性情是在武大陶冶出来的,我的知识是教授们的烟斗吹出来的。"

抗战结束后武大迁回珞珈山,金克木在这时来武大哲学系任教。

解老介绍说:"我的毕业论文是金克木指导的。他开了一门课是'梵文',当时只有我一个人选,只有我一个学生上课。"

解老点上一支烟,颇具绅士风度地问:"不知你介不介意?"我摇了摇头。

他用四川话说:"他老人家苛刻得很哪,毕业论文就给了我65分。"

说着他爽朗地笑了起来,带着微咳,连烟都拿不住了。

解老这时面带神秘地对我们说:"给你们看一样好东西。"然后带我们来到他的卧室。如果说解老客厅里那高到天花板的书架是一面书墙,那他的卧室则简直是个书堆,地上、桌上全是一堆堆的书,就连床上都堆了一大堆。

在书堆里,解老翻出一个本子,拍了拍上面的灰尘,拿给我们看:"这是我毕业论文的复印件,好不容易才从武大档案馆里弄出来的。"论文纸第一页写着"提出学生:哲学系解子光 指导教授:金克木",还有金克木勾画的一个清晰的"65"。论文的正文全部用流畅的英文写成。

后来金克木介绍解老去加尔各答留学,那边需要一个懂英、汉、梵三种语言并熟知中国与印度文化的人，学期为两年。但是因为解老家里的意外未能去成。新中国成立后解老曾去北大拜访金克木，那时他正工作于北大东方语言研究所。时值"文化大革命"，金克木最喜欢的几个弟子以怨报德，"造他老人家的反"，金克木此时心情不佳。

另一位让解老记忆深刻、感恩不已的师长是武大哲学系主任、著名符号逻辑学家万卓恒教授。万卓恒教授才气横溢，一生未娶且无任何著作。据解老回忆，万卓恒是极为严肃的人，与之相识三[①]年从未见过他笑，"才学不次于金岳霖"。但是"六一惨案"发生后，万卓恒作为教师代表赶到灵堂所在地体育馆时，看见学生灵位，竟"痛哭不已，此情此景，感人至深"。

大学本是四年，但解老却读了五年，主要是因为第二个理想：改造世界。他认识到："此路不通，去找毛泽东。"大学时他积极从事地下工作，不幸被发现而被迫离开学校暂避，因此耽误了一年学业。

他打入学生自治会的《武大新闻》内部，并争取到一个版面，进行共产主义[②]宣传，当时还参加了《风雨谈》下设的刊物《地平线》的编辑工作。"六一惨案"后，他被列入追捕学生名单。本来要逃往香港，但是成都的未婚妻却有急事。危急之时，万卓恒帮忙弄到一张上海到成都的机票，并掏钱垫付。解老安全抵蓉后，把钱寄还给恩师。谁知不久后万卓恒染病身亡，匆匆一

---

① 解子光在该复印件上将"三"改为"四"。——编者注
② 解子光在该复印件上将"共产主义"改为"反内战"。——编者注

解子光本科毕业论文（封面）

國立武漢大學　　第 1 頁
畢業論文紙

A Brief Survey on the Problem of Self
  in Buddhism
— based upon a study of "The Aṣṭamakośasthānasambado
  pudgalaviniścayaḥ" in Abhidharmakośa —

I.　Introduction

Among all the definitions of "man", I am rather inclined to accept Pascal's famous simile that man is a feeble thinking reed. That the faculty of thinking is the characteristic of man is an indisputable fact.

The thinking behavior, in which there is a long process from the sense data to the judgement, either by the way of synthesis or inference, or by the way of a "reconstruction" (I mean here a process from the induction to intuition, as a sparkling) implies two entities: the subject that is thinking and the object of which the subject thinks. And these two, although situated on opposite positions, are inseparable.

The existence of the subject of thinking, or the spiritual self, has been one of the most disputed problems in Indian philosophy. Its existence was firmly asserted in different ways by all orthodox schools, but denied by the Buddhists. In Western philosophy, as an epistemological problem, it has been studied by Kant. On the other hand Hegel was also successful as regards his proposition of

解子光本科毕业论文（局部）

别竟成阴阳永隔。①

在解老看来，一所学校办学的关键在于师资。武大给予他最多的，亦是恩师所给予的。他的大学生涯就和恩师紧紧联系在一起。解老的同班同学、武大著名哲学教授萧萐父也在他的回忆文章《冷门杂忆》中如此评价几位恩师："至于大学时代传道授业诸师，冷峻清晰如万卓恒师，朴厚凝专如张真如师，渊博精湛如金克木师，诲教谆谆，终生不忘。"

如今解老一人独居，终日与书为伴。六十年来，他从未写过回忆武大的文章。但是一旦讲起，依然激动不已，滔滔不绝，着实令人感慨。

这篇采访解子光的文章，署名是郑昱、肖俊杰。两位武汉大学小校友准确生动地描绘出一个有血有肉、固执幽默的解子光。

解子光高中毕业后，以优异成绩考入武汉大学哲学系，师从著名学者金克木。他的毕业论文《简述佛家哲学中"我"的范畴及其内涵》是在金先生的指导下用英文写成的。

20世纪90年代，武汉大学的校友从学校档案中帮解子光找到这篇论文，复印了一份寄给他，那位校友在信中说："看到您高水平的论文，十分感慨。当今浮躁、浮夸之风盛行，很少有学生能写出如此好的论文了。"

关于这篇论文还有一个小故事，有年轻的后辈获得了博士学位，大概是想得到解子光的表扬，拿着自己的博士论文请解校长指正。解

---

① 在该复印件上，这一段话上方的空白处，解子光用密密麻麻的小字写道："注：这句有误（可能听错或手记之记录，把两句话搞错了）。是：我找到'四川同学会'弄到一张票，而钱远不够，去向万老师借的。万老师立即给我，我回四川后即兑还的。"——编者注

子光就拿出来自己的这篇全英文写作的毕业论文，上面还写着指导教师金克木的名字。解子光开玩笑地对年轻博士说："你的毕业论文比不上我哇！我是全英文写的哦！"

在武汉大学校友这篇《隔岸听涛——老校友解子光的故事》文章复印件的下面，解子光手写了一段文字：

> 2003年夏，"武大成都校友分会"介绍现在母校就读的校友数人来蓉与老校友座谈抗日战争时期武大情况。座谈后次日，有两位校友来我家"采访"；接谈甚愉。数月后，接广东的杨君方笙函云：这些校友回校"采风"成果，印有一小册子，曰《永远的感召》；其上，有说我之小文一篇，曰《隔岸听涛——老校友解子光的故事》。我有何"故事"？怪而询之，杨君即从汕头复印一件寄来。
>
> 一读，别人——新的一代小校友——眼中、忆中、识中之"我"乃如斯也！着实"令人感慨"呀，隔了几"代"的"同窗"，是如"隔岸听涛"了！
>
> 2004年2月16日志

这份复印件上，解子光用蓝色钢笔修止了好几处错别字。

文章标题"隔岸听涛"上方有三行题记，题记上的蓝色小字率先映入每个阅读者的眼帘，解子光把"桀骜不逊"的"逊"字改为了"驯"。

较真、严谨，不放过一个错误，解子光的性格可见一斑。

这几行题记，映照出了解子光的性格特点："一个个性十足的老人，桀骜不驯的头发，高度近视却锐利有神的眼睛，谈话之中不时爆出爽朗的笑声。顽固而友善，睿智而从容。"

好一个"顽固而友善，睿智而从容"！

第二章

初心不与时推移

一个道德命题，是可以赋予新义、作出新的诠释的；而类乎"奉献精神"等的"为人"之道，则是古今中外育人之道的根本，其"框架"是不变的。

——解子光

历史总是螺旋式上升、波浪式发展的。

成都七中也是如此。

任何时代都会有这样那样的不同挑战与机遇。然而在成都七中，总会有那么一些人，既有因应环境变化的智慧，也能坚守自己的初心。

解子光就是这样一个人。在他执掌成都七中的每一个阶段，无论教育环境发生怎样的变化，他求真求实的育人理念、教育报国的至诚初心，始终不变；一心办好学校、努力爱护师生的教育本真，始终不变。

接任校长，引领群英

自1950年1月军代表接管成都县中起，至1979年12月底成都七中在党的领导下大力贯彻中共十一届三中全会精神，开始拨乱反正止，恰好是三十年。

这期间执掌成都七中的领导集体，按时间段划分，可分为两个：

一个是以军代表刘文范为代表的领导集体，自1950年初到1954年6月，其中1950年至1952年间由龚仲舆担任临时校长，主要成员有龚仲舆、杨仲清、龚读雅、赖祚隆、马建芳等人。

另一个就是以解子光为代表的领导集体，从1954年6月一直到

1979年10月，主要成员有余烇坤、邓跃楷、李正才、杨礼、叶乃需、张玉如、邹俊、龚与彦等人。

成都七中的这两个领导集体中的大多数人，在青少年时期经历了抗日救亡以及解放战争的洗礼，他们深怀国家存亡的危机感，抱着科学救国、教育救国的理想完成了从小学到大学各个阶段的学业，并且以优良的成绩毕业于著名大学，而且他们在1949年之前已经在不同的中学任教，时间短的有三年，时间长的已经超过了十年。

这一批知识分子与1950年以前的成都县中的那批著名师长不同的是：他们不但大都知识面广，而且知识结构也有差异。他们是受过高等专业教育的学者型人才，很多是理工科专业出身，还更多地接触了各种进步思想，大多都于新中国成立前后投身革命队伍，怀着为共产主义奋斗的理想，立下了"不当教书匠，要做教育家""要以陶行知为楷模去献身"的志向，满怀激情地投入新中国的学校建设工作中。

他们有着共同的情怀，他们"好学、奋进、爱国、爱校、敬业、有理想、讲奉献"，和全体师生员工一起艰苦奋斗；也是他们，与作为校长的刘文范、解子光一起，共同建设了全省著名、全国知名的成都七中。

1950年1月，刘文范以军代表身份到成都县中不久，就被任命为副校长，很快就担任校长。

那段时间，以刘文范为代表的领导集体，团结中老年教师如贾仲康、张玉如、曾复儒、闵震东、龚谐善、杨麟、邓宗泽、叶有男、张伯通等，在进行与成都县立女中并校、改革行政机构、扩大校园等多项重要工作的同时，还将各方面琐碎繁杂的工作迅速而有序地开展起来了。

20世纪50年代的成都七中第二教学楼

以刘文范为代表的成都七中领导集体，执掌学校一共四年多的时间。刘文范校长针对在新的历史条件下如何办好学校形成了一定经验，为七中的发展打下了良好的基础，在那批教师和学生中留下了极好的口碑，至今还能从老七中人口里听到对刘文范校长的认可和赞叹。

1954年5月，解子光从成都四中调往成都七中担任副校长，很快接替刘文范担任校长并兼任临时党支部书记，后来正式担任党支部书记，校长、党支部书记一肩挑。时年，他仅三十二岁。

解子光担任成都七中校长的时间，在《成都七中校志（1905—2005）》里是这样记录的：

> 校长解子光：1954年5月至1966年6月，1978年9月至1979年9月。

从1954年解子光担任校长以后，成都七中逐步形成了由他与教导主任张玉如、龚与彦，总务主任邹俊所组成的领导集体，以及以邓耀楷、杨礼、吴富存、钟光映、曾和贵、白敦仁、刘朝芳、熊万丰、徐聘能、杨文源、肖曼倩、张思文、朱定源、张朝中、倪士林、刘隆惠、佘万福、黄家玥等为代表的一批骨干教师。骨干教师中的一部分，分别在不同阶段进入了成都七中的领导集体。

这个集体里的成员，有着共同的精神追求、价值理念，他们互敬互尊、同甘共苦、齐心协力，和全校百余名教职员工一起，为办好七中呕心沥血。

"必须以教学为主"

以解子光为代表的领导集体执掌学校，经历了漫长而曲折的二十余年。

1954年到1957年，在解子光的带领下，学校开始了稳定发展。

随着抗美援朝战争的结束，全国掀起了集中精力搞建设的高潮，社会安定，经济和科教文化事业有了大发展。成都七中乘此东风，开始了强劲发展。

1953年，中央通过教育部有关文件，明确提出了"教学工作是学校压倒一切的中心任务"。解子光校长带领学校领导班子，主要着力于"依靠教师、办好学校""坚持教学是中心工作"，这才统一了广大七中教职工的认识。

这个时候，学校充分调动、发挥教师钻研教育理论与教学方法的积极性，积极开展互相听课、总结经验、交流教学研究和理论学习心得体会的活动，并且召开了成都七中第一次"学年教学经验交流会"。1955学年度，开始了连续三年的"教学过程之研究"课题。教师们还进行了将"百分制计分制"改为"五级计分制"试验、"教室日志"试验，分专题总结经验，认真进行研讨。

1955年学校党支部开始在学生中发展党员，全面开展校团委、学生会、少先队的工作。学生团结互助，遵守校规校纪，"三好生"不断涌现，优生比例不断增加。这一年，成都七中被指定为成都市唯一的"接外"中学。先后接待了苏联教育代表团、瑞士教育代表团、日本记者代表团、法国驻华大使佩耶及美国教育代表团。另外，还接收了两批归国侨生。

1954年，第一届全国人民代表大会召开，颁布了中华人民共和国第一部宪法。1956年，"一化三改造"基本完成，党中央发出了"向科学进军"的号召，教育界出现了从未有过的宽松环境，师生员工喜气洋洋，意气风发。教师"评优""晋级"，大面积提高工资，学生的学习热情也空前高涨。

解子光校长，摄于1957年

课余时间，办公楼三楼的阅览室座无虚席，同学们争相阅读极富科学民主精神的《中国青年》杂志和《中国青年报》，喜欢看刊载最新科学技术知识的《知识就是力量》杂志，还有经常介绍国际知识、传播人文科学的《旅行家》杂志……

学生的课外兴趣小组百花竞开，才华横溢的学生层出不穷，校园里时时洋溢着花季少年自信的争辩声、开朗的笑闹声，仿佛一部欢快的交响曲，生动活泼，一派生机盎然！

解子光后来说，那是他最愉悦的时光。

从1957年起，成都七中经历了曲折困惑的年代。学校教职工的政治地位也在不时发生变化。从在教师中"反右倾派斗争""拔白

20世纪60年代的成都七中校门

旗"，到在高三学生中搞集中鸣放，部分教师和学生受到了不公正的待遇；从"勤工俭学、大办工厂"、在学校的操场上建起土高炉"大炼钢铁"，到学校整个教学秩序被彻底打乱；从社会上"万马齐喑"、三年困难时期，到在校园里开垦土地"大办农业"，师生员工经历了从"拍手称快""干劲冲天"到忍饥挨饿、发愤图强的起落与困惑。

七中高61级的唐绍贵回忆说："当年七中搬到磨子桥的时候，条件很艰苦，解校长就住在一个楼梯间，他把楼梯间的一个角落简单地布置一下，就是他的房间。" 杂物间位于第一教学楼下，仅数平方米，呈三角形，勉强放入一单床及课桌，顶部为楼梯，深处不能直腰，学生上下楼时不仅落尘而且发出噪音，可解子光一住就好几年。

在这一段特殊时期，面对种种艰难曲折，解子光等学校领导以身作则，顺应国家政治形势变化，不忘教育报国初心。一方面，以"一个国家要有民气，一支队伍要有士气，一个人要有志气"的精神激励全体师生员工爱国、爱校，自尊自爱，同心同德，廉洁奉公；另一方面，尽最大可能恢复教学秩序，抓课堂教学，依然坚持用"知识就是力量"激发学生的求知欲，把一系列"左"的思潮和政治运动带来的负面影响和损失减到最低程度。

1960年至1961年，上级党政领导部门的指示精神是：作为"重点中学"，学校的主要任务是"双重任务"，即"为社会主义建设事业培养劳动后备力量，和为高一级学校培养合格的新生"。

待三年困难时期结束，中共中央在1963年出台了《全日制中学暂行工作条例（草案）》，也被称为"中学五十条"，成都七中迎来了迅速发展的"小阳春"（"小阳春"这个词是解子光形容的）。

这个时候，学校领导集体带领教师们积极投身到教学工作中，狠抓业务和教材的钻研，大搞"老带新""学业务"，召开经验总结交流会等，各方面的工作迅速走到了成都地区中学的前列。

顶住压力保老师

同共和国曲折发展的历史一致，成都七中也经历了艰难的探索时期。

解子光校长贵在能始终保持初心，矢志于教育而孜孜不倦，他的博学无私，他的淡泊执着，他的磊落风骨，也未因外界环境而有所动摇。

在政治运动此起彼伏的年代，高65级3班的张多能写了一篇题为《抬高枪口，保护人才》的小文，记解子光校长保护七中名师一例：

> 1957年"反右"开始，成都市教育局召集各个中学的教师代表开会。由成都市委宣传部部长主持"鸣放"大会。当日出席大会的教师代表有七中的闵震东老师、熊万丰老师，四中的陶亮生老师，三中的范寓梅老师等。
>
> 各个代表谈本校问题，对当时的校领导提了意见。主要是教师们不满意校领导，不民主。
>
> 事后其他学校的代表有不少被打成了右派分子。而成都七中的代表却安全无恙。
>
> 当时七中的校领导是解子光校长。他并未因此而加罪于这两位老师。同年，解子光校长还帮助一位老师调往西南师范学院与夫人团聚。

当时各个学校都定了不少右派。而成都七中只划定了两名，而且这两名右派中的一个是由成都市的学习班划定的，另一名则是上面指派的一名一言未发的老师。可见解校长在当时的大环境下顶住了多大的压力才把成都七中的好老师保护下来，为今后七中的进一步发展打下了良好的基础。

名师荟萃，教风严谨

高60级5班的陈永贤在《难忘60 "保高三"》这篇文章里记录：

我们是20世纪60年代第一批高中毕业生。虽然时光已流逝，然而一幕一幕往事，却历历在眼前，记忆犹新。尤其是1960年"保高三"这一场轰轰烈烈的战斗，在我们的一生之中留下难忘的回忆。

记得解子光校长在动员大会上那高亢激昂的讲话，是那么鼓舞人心，记得各科老师那干劲十足、信心百倍的决心书，记得各班同学那充满激情、意志坚定的保证书，挑战书、应战书，在播音器中扬声而出，那气势雄壮、鼓舞斗志的声音，真的令人久久不能平息，久久不能忘怀。

我们的老师，个个精神抖擞，热情洋溢，全力以赴投入战斗。他们是一支坚强的敢于创新的团结的生力军，他们精雕细琢地制订了各类教学方案，融会贯通地讲解给同学们听，他们抓两头带中间，为争创大面积的丰收而努力。

各科老师无不是废寝忘食、夜以继日的忘我工作。我们的政治老师杨礼为我们耐心地讲解政治,反反复复地大讲形势,鼓舞斗志。他那笑声朗朗的乐观精神,至今留在我们心中。

我们的物理老师汪泽多,费尽心思,深入浅出、不厌其烦地讲解物理基础,带领我们攻克各种物理难题,深得同学们的爱戴。

我们的"熊三角""唱几何"老师,那幽默风趣的教学方式,给同学们留下难忘的印象。

我们的语文、化学、历史、生物、外语老师……个个走上讲台时,让我们感受到老师认真负责的态度,也同时看到老师红红的眼睛和那疲倦不堪的样子,分明是熬夜过多缺少休息而造成的。

成都七中以解子光为代表的学校领导群体和教师群体,努力保持了新中国成立前成都县中四十五年来所形成的"名师荟萃,教风严谨"这个优良传统,并且在扎实工作的基础上,开创了教学研究的新局面。

成都七中的教师队伍在历史的风风雨雨中,也不断地发生着深刻的变化,学校校长、教导主任与全体教师在教学实践中,一直有"不当教书匠,要做教育家"的志向。他们也以陶行知的"捧着一颗心来,不带半根草去"的精神自励,一步一步地创造了成都七中的育人奇迹,涌现出一大批优秀的学科教师。当年的成都七中,就曾经有"曾物理、贾化学、熊三角、甘地理……"的说法。这些教师博学、精深,授课十分熟练精彩,有的还幽默有趣,被同学们在他们的科目之前冠以姓氏,就这样出名了。

在高58级学生吕进的回忆文章《磨子桥畔》中,数学教师"唱几何"是这样上课的：

>张品高老师总是以吟唱方式上几何课，间以说话强调提示学生，比如他唱道："A角——加B角——大于C角。"接着轻声以说话声调提示"注意这一点"，然后又抑扬顿挫地继续唱下去。

成都七中的语文教师张道安曾经在成都七中九十九周年校庆大会上说：

>我在刚进入七中当教师时就听到过这个版本的顺口溜："曾（复儒）物理，贾（仲康）化学，数学要数熊（万丰）三角；语文有个张伯通，英语头把闵震东；张思文、白敦仁，教书很得行！"

新中国成立后，成都七中还先后输送了不少优秀的教师到高等院校任教，先后输送到高等院校任教的成都七中教师有：屈守元、雷履平、罗孟桢、曾复儒、贾仲康、袁天柱、叶胜男、闵震东、周菊吾、周虚白、何籽钦、高华寿、白敦仁、甘庆伯、邓耀楷等人。

用人唯贤，放手管理

曾任成都七中校医、总务处副主任的钟光映是成都县中学生，他与解子光校长不但是工作中的上下级关系，还同为成都县中校友。钟光映回忆说：

解子光在成都七中任人唯贤是有口皆碑的。第一个例子就是张玉如。张玉如是1950年就到七中教书的，她是四川大学数学系毕业的，到七中先教数学，以后当教导主任，1959年到1961年被派去支援成都师范专科学校办学，后来师专撤销，就又回到七中。张主任一心扑在教育上，任劳任怨，兢兢业业，让解校长很放心，能让他集中注意力去搞教学管理工作，搞教师管理工作，这是一个。

第二个例子是总务主任邹俊。邹俊是个实干家，1954年的暑假，成都七中从青龙街搬往磨子桥新校区，邹俊作为总务主任，带着学生用架架车和三轮车搬桌椅板凳，搬实验室仪器仪表，搬图书馆那么多的书。高56级的学生们拉架架车，学生沈际洪拉中杠。整个迁校过程，当时学校领导干部和教师就只是邹俊跟熊万丰两人负责。

解子光调到七中以后，后勤总务这一块全部交给邹俊负责，解子光非常放心。解子光不管这一块，因为他信任邹俊，他只顾抓学校的教学工作。邹俊当总务主任时任劳任怨，不贪不腐，勤劳办事，勤俭持家，我说的持家是特指成都七中这个"大家"。邹俊去世后，我在给邹俊写的那句诗里面已经概括了，"辅佐解公做伟业，勤俭治校是良才"。

第三个例子是邓耀楷。邓耀楷是七中历史上的第一个副校长，杨礼是第二个副校长。邓耀楷是1955年西南师范学院生物系毕业的，到七中后当生物老师，他又舍得吃苦，1961年当了副校长。那个时候生活很困难，学校老师一个月的粮食定量只有十六斤，学生的粮食定量只有二十斤，一个月每个人只有半斤肉票、二两油票，其他的都没有。为了克服困难，七中开始办养猪场，邓耀楷跟杨志忠——七中唯一的志愿军战士，他们两个骑自行车往返，跑到雅安天全县劳改局农场买母猪。我看到他们回来的时候好疲倦好辛苦，来回那么几百里是有的。回来以后到处找人去给母猪配种，找附近生产队的猪配种，配种回来好养猪。后来学校就有了十几头猪。再后来，解子光看到有老师和学生倒饭，就在七中养了四十八头猪，这对改善学生生活，防止肿病，增强体质，都起了很大的作用。那个时候学校还种菜种棉花，食堂门口好大一片菜地，炊事班的剩菜剩饭就给养猪场。

还有一个例子就是黄家玥。黄家玥负责少先队工作。"文化大革命"后期，七中的学生好多"费娃娃"哦，打架戈孽，不听话不上课，黄家玥做了好多工作，黄家玥的母爱精神确实影响好多人。她在1956年就被评为成都市优秀教师，做少先队工作她是受过表扬的。

解子光作为校长，在学校管理方面，重用我说的这四个人——张玉如、邹俊、邓耀楷、黄家玥，这就是解子光任人唯贤方面的典型表现。

两位教师的回忆

张祖群1969年毕业于四川大学中文系，毕业前到过四川大学的富顺五七干校、什邡军垦农场锻炼，直到1972年才到成都七中工作。解子光给她留下的印象是这样的：

下面几个小故事，是我初到七中时，印在我心中的。后来解校长调教育局工作。很遗憾，他生病直到去世，我再未见他一面。我永远怀念他，他是一位真正的教育家。

说说我心中的解校长。

第一次见到他是1972年国庆假日后，我到七中报到。因产后迟到了一个月，在学校报到时，正好遇见一个从油印室出来的老头，小个子，穿着当年流行的蓝布衫子，很旧，还沾有油印后的墨迹，我以为是个工人。

但我仍然很礼貌地上前问道："老师，语文教研组，怎样走？"

他抬起头，看了一眼我，那眼神至今不忘，智慧而和蔼，略带几分忧郁，说："我带你去。"

把我送到教研组后，他转身走了。

组上一个老师，冷冰冰地问我："解子光送你过来的嗦？"

我问："解子光是哪个？"

回答："大名鼎鼎的解校长嘛。"

之后，我才晓得，我看见他时，他还是没"解放"的干部，所以在油印室上班。

第二次和解校长短暂聊天，是在食堂排队打饭。

我是新分在七中的大学生，语文组安排我们每周两个晚上学业务。我只好在学校吃晚饭。恰好，有天排队打饭的时候，我站在解校长前面。

他望着我笑笑，亲切地问道："如何？会上课了？"

我不好意思低下头，说："一边听徐寿宇老师的课，一边上课，鹦鹉学舌。"

他严肃地对我说："要多学，知识面要广，要有一定深度。"

"给学生一碗水，你自己要有一桶水！"这句话激励了我一生，在日后的工作中，鞭策着我在七中直到退休。

平时有课，我总是早早站在教室门口，铃声一响，立即站上讲台。

有一天，我刚站上讲台，扭头见解校长左手握着一个小本本，径直往教室里来，直走到教室最后面。我赶紧让学生帮他找个凳子。他摆手制止，说，不要。然后背靠着教室后面的墙，左手拿笔记本，右手握笔，边听边记，就这样站着听完我一节课。

这节课讲的是鲁迅先生的作品《社戏》。终于下课了，我好紧张。他离开教室时，向我点了点头，一句话都没说。

领导要了解教师的课堂教学，这是最直接的办法，预先不通知，随到随听。他的管理方法，亲临现场，一竿子插到底。不满足于听汇报。他对年轻教师的要求是既严格又亲切。

我打心眼里佩服他！

不久，我当班主任了。除努力管理好学生，很多细节，我根本不懂。每天早上按时到教室，只知道站在讲台上，注视着学生读书或检查学生作业。

那是个冬天的早读课,学生正在科代表带领下读英语。解校长巡视教学楼时走到我教室门口,招手把我喊出去。告诉我,冬天很冷,教室里的玻璃窗关好,但上面的"天窗"一定要开,不然,教室空气不好。

我不好意思地笑笑,"哦"了一声。我是真不懂。

学校工作无大小,每一件小事都关系着学生的成长。解校长这样一个博学多才的教育家,在他的工作中没有小事,严谨的工作作风影响着一代代年轻教师。我就在他这种点点滴滴的教育下,成长为一个合格的七中教师。

龚廉光老师1964年毕业于南充师范学院物理系,1973年从重庆南开中学调入成都七中,先后被评为成都市劳动模范、四川省劳动模范,享受国务院政府特殊津贴,是四川省的学术带头人。

龚廉光记忆里的解子光是这样的:

第一次见到解校长是1973年4月中旬,我调到成都七中。这次见面让我对解校长留下了深刻印象。

解校长喜欢读书,知识面广,他办公室的书多,他睡的床有一小半放满了哲学、教育、文学等各类书籍。

他曾对我说,作为教师,不但要成为自己所教学科的专家,而且应成为知识渊博的杂家。只有这样才能成为优秀教师,培养出优秀学生。

听一些老教师说,解校长是教学全才,不论文科还是理科,缺哪科老师上课,解校长都能顶上。

解校长十分关心青年教师的成长。

我1964年大学毕业到中学教学两个月,就按国家要求50%的大学应届毕业生下厂下乡锻炼一年的指示,参加了农村"四清运动"两年,回城又遇上"文化大革命",之后又创办校办厂一年,去工厂"工教对换"一年,就算是教学,也是教"三机一泵"之类,属工龄长、教龄短的教师。

恢复高考时,我正好教高78届"快班"的物理,这是一个重点班。

我自觉教学经验不足,就找到解校长,请他换经验丰富的老教师。他告诫我:"经验是干出来的,首先是要有干好的决心,相信自己,不断反思总结改进,就一定能干出成绩。我相信你!"

遵循解校长的教导,我顺利完成了第一次应对高考的教学任务。

解校长十分重视教师队伍建设,重视教学研究。他提倡"不当教书匠,要做教育家"。我曾向他请教过怎么才能实现他这个要求。他给我提了建议:学习,实践,总结。学习教育理论和别人已有的教学经验,大胆进行教学改革,总结提炼出适合自己的规律性的可操作的经验。

我遵循解校长的教导,在教学中不断学习,勇于改革,取得了一定成绩,没有辜负解校长的教导。

从此我就在七中物理组工作到退休。

爱惜学生，尊重教师

郑智元是四川省肿瘤医院主任医师，曾任四川省人民政府参事及四川省肿瘤医院副院长。他回忆道：

我是初71班乙组、高57级2班的学生，我读初中时学校还不叫七中，而叫成都县中，校址在青龙街的墨池坝，到读高中的时候才搬到新南门外磨子桥，这个时候学校已经改名为成都七中了，我们都简称"七中"。青龙街的校舍一进大门是一个大操场，上体育课、做操、打球、开大会、跳集体舞，都在操场，操场后面是教学楼，再后面是学生宿舍和食堂，再后面是一个长满果树的刘家花园，图书馆就在里面的一个小园子。刘家花园的旁边就是赫赫有名的扬雄洗墨池，成都县中的前身墨池书院就是因此而得名的。

我进高中是1954年的秋天，我们是搬进磨子桥新校舍的第一批学生，教学楼都是新的，据说是按莫斯科101中学的模式设计的。什么都很新鲜，听说连校长都换了新的，就都想知道新校长是什么样的，只听说名字叫解子光。

直到后来暴发了大流感，解校长把大家召集到我们刚平整出来的操场开会，才看清楚了解校长的样子，他戴了一副眼镜，看起来很威严，不苟言笑，声音低沉、洪亮。

但是刚刚才看清楚校长的模样时，我突然就倒在地上，不省人事了。等我醒来时已在图书馆楼上的地铺上睡了两天半，至今也不知道是谁把我抬进来的，有没有吃饭，有没有解便，都记不得了，只听旁边的人说：退烧了就脱离危险了。敢情是到鬼门关走了一遭。后来听家里人说，我父亲来看我，听说我咯了血，送来一瓶云南白药。当时学校严格实行了隔离措施，不让其他人进大门，父亲只能托人把药带给了我。那一次流感，全球死了几百万人，而我们学校虽然暴发了流感，但没有一个人因病去世，不能不归功于学校的措施得当，这靠的是全校师生的努力，也靠的是解校长的领导有方。我后来决定学医，可能也和这一次的经历不无关系，救人一命胜造七级浮屠嘛！

我们班没有听过解校长讲课，一直不知道解校长讲哪门课，后来才听说解校长是学印度哲学和梵文的，晚年还虔心研究佛法，博学多才。据一些教师说，除了体育课，文史地、数理化，解校长都能教。但是校友们关心的并不是他本人能教什么课以及教课水平如何，而是关注从20世纪50年代直到如今，为什么七中一直在四川教育中名列前茅，为什么能培养出那么多德智体美全面发展的学生，为社会输送了那么多宝贵的人才。

作为七中学生，我们深深明白，其中的奥秘就在于师资。

我们在校时各门课程的老师都是大师级的名师，每个学生都会如数家珍地报出：曾物理、贾化学、熊三角、袁代数、唱几何，还有教语文的三张，教历史的黄明燧、卢敬之，教美术的周子奇，都是成都鼎鼎有名的大师。这些老师的特点就是在课堂上一听就懂，而且印象深刻，不用复习都能记住。

我是一个上晚自习时都在看小说的不规矩的学生，但在全校的数学比赛中仍然位居并列第一的五人之中，连我自己都觉得意外，这不能不归结于老师教课的功力。

我们毕业后很多教我们的老师都调到大学任教去了，所以我们应该是大学老师教出的中学生。

解子光校长继刘文范校长之后从20世纪50年代到80年代在七中担任领导，深知师资的重要，他要求老师们要当教育家不要当教书匠，并四处奔忙，调集人才，不断培养师资队伍，名师辈出，从而奠定了名校的基础，解校长功不可没，在闪闪发光的成都七中的金字招牌上深深地印着解子光校长的名字。

我们纪念解子光校长，就是纪念解校长的尊师重教的精神，这就是一个大教育家的精神。

一份关于"劳逸结合"的校长布告

作为成都七中一校之长，解子光曾经亲自拟定过一份关于安排师生学习、劳动、工作和学习的布告，布告内容很细致。

为了根据"劳逸结合"精神更好地安排本校师生的学习、劳动、工作和学习，以利于提高教学质量，特制定关于劳逸结合的暂行办法，现予公布，全体师、生、员工应一体执行。

第一条：合理安排学生作息时间

（一）学生每天上课不超过6节，每天的睡眠不少于8小时半。

（二）早晚自习不超过3节。通学生一般不到校上早自习，是否到校上晚自习，学校不做统一规定，由学生和学生家长根据家庭情况、离校远近，自行确定，并通知学校。学生应在9时下晚自习。学生在上完6节课后即可回家。

第二条：全校干部、教师切实实行8小时工作制

（一）全校干部、教师切实实行8小时工作制。提高工作效率和工作质量，实行劳逸结合，更好地完成教学和工作任务。

（二）干部、教师的政治学习、业务学习一般都应在8小时工作时间内安排。目前，政治学习每周安排2～4小时。

（三）教师在工作时间内应集中精力做好工作，一般在晚上9时应结束当天的工作，最迟不要超过9时半。学校每晚应在10时熄灯。

第三条：假日和业余时间由师生自由支配

（一）学校不占用师生课间休息和饭后休息时间开会或进行集体活动。

（二）星期六晚上和星期日全天由师生自由支配。

（三）学生课外社会活动时间，一般每周为2节，党、团、学生会干部每周可多1～2节。清洁大扫除每周一次，其余课外时间由师生自由支配。

第四条：开展群众卫生运动，及时防治疫病，增强体质

（一）对初中一、二年级的学生，各班主任应当每天对学生进行晨间检查，检查内容为：有无疾病征兆；是否洗脸刷牙，指甲是否清洁，是否经常洗头洗澡和理发；衣服鞋帽是否干净，扣子是否整齐，破了的衣服是否补好了；等等。对于凡是有疫病征兆的学生，教师应立即通知家长，及时治疗。对于检查出的上述其他问题，教师应耐心进行说服教育，必要时应进行家庭访问，以求得解决。对于其他年级学生，班主任、教师也应参照上述内容，经常对学生进行教育，帮助学生搞好个人卫生。

（二）学校应经常打扫环境保持清洁、整齐、美观，一切清洁用具（包括扫帚、抹布、水桶、喷壶、鸡毛帚，等等）均由学校购置，分配各班使用。

（三）经常教育学生不喝生水，不吃不干净的食物，学校应保证供应开水。

（四）除四害。在校内要消灭苍蝇和臭虫，控制蚊虫的滋生，经常开展灭鼠活动，逐步消灭老鼠。

（五）认真做好食堂卫生，杜绝食物中毒，今后若再发生食物中毒，必须追究责任，严肃处理。

第五条：适当安排会议和社会活动

（一）凡是可开可不开的会，坚决不开。开会必须事先有准备，提高会议质量，限制时间，并且只限于有关人员参加，不得熬夜开会。

（二）教师的绝大部分工作时间应当用于教学，教师参加会议一般每周一次，不得超过二次，会议时间一般不超过4小时。

（三）学生课外活动，包括文娱体育活动，一律实行自愿参加原则。学生到校外单位进行参观访问应纳入教学计划，一般不占用休息时间。

（四）全体学生都应努力学习，提高学习质量，但不要进行学习评比竞赛。

（五）考勤、考绩、访问家庭、统计调查等工作，均应由有关教师和工作人员办理，不应将上述工作交由学生去做。

（六）学生应当适当参加社会活动。担任党、团、学生会职务的学生一般不要兼职。

（七）学校每段时间的会议和活动，由学校党支部统一平衡，统一安排。

第六条：按照教学计划，妥善安排师生劳动

（一）学生应积极参加劳动，但一律纳入教学计划时间内，不能在计划时间外再安排劳动。

（二）加强劳动保护，保证生产安全，必须进行的重体力劳动，每天至多不得超过4小时。严禁加班和安排学生从事夜间劳动。

（三）应当根据年龄、性别、体质的不同，分别分配适当的劳动。女学生、女教师在月经期不分配劳动。

第七条：合理安排体育活动

（一）本期学生体育锻炼主要是开展早操、课间操及其他运动量小的体育活动，每次活动，不超过一节课时间，同时必须根据学生体质不同，分别展开适宜活动。

（二）在体育运动中不要提出指标。

第八条：提高教学质量，保证劳逸结合

（一）教学要求、教学任务、教学进度，按市教育局的规定进行。课外科技活动应贯彻业余、自愿原则，不搞突击，不搞献礼。

（二）学生作业分量，以在学习时间内完成为度。有些学科可以在课内适当安排一部分作业时间。

（三）控制考试、测验次数。除期中、期末考试外，各科平时测验应有控制。每次考试教师不应向学生提出考试成绩的指标。

（四）教师应改进教学工作，认真备课，提高课堂教学质量。

……

校长　解子光

1961年4月4日

学校应该是充满生命气息的地方

学校是学生身心成长的场域,是师生表达生命活力的地方。教育只有做到"态度宽松而又绝不放任",才能最大限度地促进学生的生命发展。

1939年秋,张佐时接任校长,继承并发扬了成县中的优良传统,校园里依旧是"良师俊才荟萃",教师知识广博、视野开阔,校园生活很快走出了因学习负担重、生活管理严而已渐显出几分"死板"的困境,逐步形成了对学生要求"严而不死""态度宽松而又绝不放任"的校风。

这种校风一直延续至今,而解子光是其中承前启后的重要一环。七中老教师龚廉光回忆说:

> 解校长看起来很严肃,但也有童真的一面。
> 1976年上半年,我和解校长都在龙泉山的山泉分校带学生学习、劳动。在一次摆谈中他得知我会打桥牌,十分兴奋,叫我约人打。我和蒲立老师一方,解校长和张家椿老师一方,晚上把学生安顿好,从八点半开始,两个年轻人对阵两个年长者,打到十点半。解校长一方连输几天,他反而更来劲了,早上我们带学生出发下大队劳动时,解校长对我说:龚廉光,今晚早点来继续!但非常不幸,解校长一方总是输,他也总不服气:明天再来,我就不信打不过你俩。终于在临回城的头天晚上,解校长一方赢了,他像小孩一样一边拍着手,一边说终于赢了,哈哈大笑起来。

解子光(第二排中)和成都七中高七九级学生的毕业留影

从龚廉光老师的回忆中,一个活得本真坦然的老头活灵活现地出现在眼前。

解子光晚年回首往事时,还念念不忘20世纪50年代成都七中搬到磨子桥新校园后学校的情景。

他说,那时他刚刚从成都四中调到成都七中当校长,校园内,花木扶疏,办公楼是爬满爬山虎的红墙,下课后操场上尽是生龙活虎的青春身影;校园外,是稻田藕塘,空气中随时飘散着稻花和荷叶的清香,校门斜对面不远处是成都工学院,同学们站在成都七中的校门口,就能够看见对门工学院巍峨的办公大楼。而且在学校的不远处,建立了中国科学院成都分院。这样,成都七中与四川大学、成都工学院等高校一起,构成了这座城市的科研和教育高地。时至今日,也是成都这个城市科教文化的地标之一。

清晨，学生们有的在锻炼，有的在读书；傍晚，学子们三三两两谈天说地，欢声笑语不绝于耳。

课外活动的时候，到处是少男少女们充满生气的身影，文学组、话剧组、音乐组、体操队、篮球队、田径队……各自进行着自己的活动。校园里洋溢着少年人自信的争辩声、纯洁的笑闹声……

书声琅琅，琴声悠悠。

解子光说，那是他的理想，也是他最为享受的时刻。

老子说："常德不离，复归于婴儿。"真正伟大的人物和真正伟大的教育，都与童心有相通之处，散发着强烈的生命气息。

第三章　矢志不渝谋振兴

我们建国以来学校领导工作的经验和教训，无非是集中在两个问题上，即如何贯彻党的教育方针，如何执行党的知识分子政策。学校领导工作无非是要在这两个问题上狠下功夫。其一，要不断端正办学思想和教育思想；其二，要切实组织好教师队伍。这两者，又是互相影响、互相渗透的。

——解子光

"不谋全局者，不足谋一域。"作为成都七中的带头人，解子光不仅有远见，而且有预见。

1978年12月，中共十一届三中全会召开，实现了具有深远意义的伟大转折。在这年末，作为校长的解子光，以他的政治敏锐和哲学思维，花了整晚工夫，写下一篇奠定成都七中发展的"万言书"——《关于一九七九年上期工作的一些想法》（下文简称《想法》）。

正是春寒料峭时

解子光的这份手稿，共十三页二十五行，横排信笺万余字，其书清溪潺湲、疏密有致、清雅脱俗，无半点潦草之迹。落款"1978年12月31日至1979年1月1日拟"，想是漏尽更阑所作。

1978年12月18日至22日，中共十一届三中全会（下文简称"全会"）召开。《想法》的成稿时间，当是这次在中国共产党历史上具有特别重要意义的全会之后一周左右。从国家教育的宏观视野来看，1978年与1979年之交，内乱甫止、人心思治，但社会重建之路依旧漫长。教育问题显然不是全会的核心议题，但全会确立了"解放思想，实事求是，团结一致向前看"的指导方针，作出把党和国家工作重点转移到经济建设上来、实行改革开放的历史性决策。全会提出的改革开放方针和政策为教育领域的改革发展奠定了重要基础。

1978年12月24日《人民日报》头版（局部）

解子光手稿《关于一九七九年上期工作的一些想法》（局部）

解子光手稿《关于一九七九年上期工作的一些想法》（共13页）

解子光是一个敏锐的观察者，他从全会的公报中捕捉到国家政治生活中的春天气象。全会提出要恢复和发展被"文化大革命"破坏的教育事业，重新确立教育的地位和作用，强调要提高教育质量，注重培养具有创新精神和实践能力的人才。全会对之前十余年教育路线方针的臧否，态度鲜明。解子光深刻洞察到这一变化对恢复教育秩序乃至推动教育改革的深远影响。全会公报发布后到《想法》成稿这一周，他应当进行了深入、系统的思考，继而焚膏继晷、孜孜不倦，草就《想法》一文。其时，中国教育春气已至、百花竞发，但坚冰未泮，正是春寒料峭时。

善弈者谋势，善谋者致远。解子光深谙文章之始当胸怀全局、谋篇布势。要改变"文化大革命"后成都七中"问题成堆、百端待理"的局面，《想法》提出的第一个问题是"如何学习贯彻《五十条》"。对此，他胸有成竹，自问自答："以学习讨论实际工作中贯彻《五十条》为一个串线，把贯彻三中全会精神结合起来。"

所谓《五十条》，是指中共中央1963年3月23日印发的《全日制中学暂行工作条例（草案）》，即"中学五十条"。《五十条》适用于全年有九个月教学时间的全日制中学，分总则、教学工作、思想政治教育、生产劳动、体育卫生和生活管理、教师、行政工作、党的工作和其他组织工作等八章，共计五十条。规定中学教育的任务，是为社会主义建设事业培养劳动后备力量，为高一级学校培养合格的新生。

《五十条》的深入贯彻因"文化大革命"而停滞，但在邓小平1975年整顿科教工作后，《五十条》再一次进入当时中国基础教育的视野，并在1975年和1976年的全国教育工作中作为中学教育和管理的一个指导性文件。1978年年底，百废待兴，新的教育方针政策尚未提出，在这个特殊的时间点上，解子光提出"以学习讨论实际工作中贯彻《五十条》为一个串线，把贯彻三中全会精神结合起来"，在政治上是稳妥、高明的。《五十条》规范了中学教育体系，明确了中学教育的任务、目标和管理要求，其核心意涵是推动中学教育的规范化发展。纵览《五十条》，全文关注中学教育质量，强调教学为主，注重学生全面发展；提出普及中学教育，推动教育资源的均衡分配，缩小城乡教育差距。解子光提出"如何学习贯彻《五十条》"，可谓切中肯綮，他深刻意识到要做的就是在思想上拨乱反正，收拾人心，凝聚共识，尽快恢复成都七中正常的教学秩序。

　　解子光是行动派、实干家，《想法》开宗明义，提出学校的工作要"抓现在，想三年、五年后的工作""必须像个重点学校需要的管理水平"。作为长期在成都七中工作的基层校长，他深知抓纲带目、纲举方能目张，《想法》提出树立"要有十年后拿得出手，看得到的事业"的目标。他进而要求，"请支委会、行政班子各领导同志研究，以便制订工作计划"，"在我们这个实际条件下，要努力导演出较好的戏剧来"。如何导演出较好的戏剧来？《想法》提了三条思路，概括起来说，就是统一思想、凝练队伍、狠抓落实。抓教职工的思想："从实际出发，将现有的一部分力量组织起来，加紧学习和总结工作，提高认识，发挥创造性。"抓队伍："整个工作着眼的是大抓教师队伍、教研组的建设。"抓落实："要力争把'精心设计每节课'的口号变成拿得出成果的阶段。"作为一校之长，他关注落实，进一步布置召开1979年上期第一次教务会议，讨论决定全期工作计划要求。会前，要求参会者自学全会公报、元旦社论，提高自身认识，在率先研究、找准角度的基础上，提出各自的计划，在会上报告。要求讲具体措施、日期、内容和要求，不说空话。《想法》用较大的篇幅阐述"学习贯彻《五十条》""如何做深入教学领域的政治思想工作？知识分子政策如何进一步从这里落实？""教研组建设问题""四十五分钟问题"。他提出振聋发聩的叹惋："从1964年特别是1966年起，这十几年教育方针，办学道路，混乱不堪。"他深刻反思："以我个人为代表，这个'否定之否定'是一段太严肃而艰苦的道路。"他严肃叩问："教师的职责、任务，这个队伍向何处带？"

　　1979年底，成都七中作为全省重点学校之一被评为先进单位。《成都七中校志（1905—2005）》收录的成都市委宣传部"事迹介绍"中说，成都七中在打倒"四人帮"才三年不到的时间里，就很快消除了"派性"，增强了团结，又很快地恢复了过去一整套行之有效的学校管理工作，校风、教风好，学生学习成绩无论"快班""慢班"，乃至高80级全市的"尖子生班"，都提高迅速。教师积极性高，很快就恢复了过去钻研教学的优良传统。学校在很多方面已经走在迎接新的历史阶段的前列。据《成都七中校志（1905—2005）》记载，1978年全年，成都七中在省市数学、物理、化学、地理竞赛中有24人获奖（其中7人获省竞赛奖）。体育活动也蓬勃开展，学生中达到"国家体育锻炼标准"的占68.4%，高一学生达标人数达93.7%。放眼当时的全省重点学校，这个成绩仍然是亮眼的。

无边光景一时新

  1977年到1979年，是成都七中重新崛起的重要时期。

  作为武汉大学哲学系的高才生、金克木先生的弟子，解子光熟悉"新"和"旧"在哲学中的丰富意涵，哲学系规范的训练使他善于用"新"和"旧"来探讨变化、时间、存在等哲学问题。三十多年教学、管理乃至人生实践，经历"否定之否定"这"一段太严肃而艰苦的道路"，作为一个有着赤子般情怀的七中校长，定是要立志重振成都七中的。未来的七中是什么模样，解子光心结萦纡、难以释怀。"到1982年成都七中是什么样子？"这是《想法》中问得最多的一个问题。

  据当年的老教师们回忆，20世纪70年代末80年代初的成都七中，教学楼走廊的斑驳墙面上还残留着特殊时期的标语碎片，那时的办学，是在百废待兴中探索新路的艰难旅程。在1979年的新年教师会上，解子光比较系统地阐述了治校方略，他的教育理念初心不改，有太多舍不去的"旧"，他希望成都七中办学回归教育本质，回归专业精神，回归师生共生。

  此时，成都市曾经动议在"文化大革命"中部分烧毁的七中办公楼旧房上加盖平顶的楼顶，解决当时的办公所需。解子光一再坚持依照原样修复，在他的坚持下，成都七中办公楼经过修缮后，恢复了其历史风貌。修复工作严格遵循了修旧如旧的原则，尽可能保留了建筑原有的结构和特色，只进行了必要的加固和修缮。如今，七中办公楼外观古朴典雅，内部设施现代化，既保留了历史韵味，又满足了学校办公需求。"望庐思其人，入室想所历。"今天的成都七中办公楼已经成为很多老校友心目中的精神地标。如何对待"新"和"旧"，作为大先生的解子光懂得扬弃，他坚守自己的教育价值观，尊重教育规律和办学规律，躬身实践，有继承有创新，有所为有所不为，矢志振兴成都七中，奋力带动全校师生开启成都七中办学新征程。

1977年恢复高考的时候，成都七中取得了与成都市各中学相比较好的成绩。

因此，在接下来的1978年高中招生"统考分配"的时候，成都市教育局首次把"高分段"的学生给了七中，使高80届学生人数多达八个班。

邓小平指示要集中力量办好一批学校，成都七中随后被四川省教育厅确定为首批要办好的重点中学。

自接任成都七中校长以来，到1978年矢志振兴七中，在这片教育

20世纪80年代的成都七中

被烧毁的成都七中办公楼

修缮后的成都七中办公楼

热土上，解子光始终以高瞻远瞩的智慧和坚定不移的决心，坚持建设一支高素质的教师队伍，形成一个团结协作、充满活力的教育集体。

解子光在大学时代就积极投身学生运动，大学毕业之后从教三十余年。他忠诚于党的教育事业，《想法》赓续了成都七中重视教师队伍建设，特别是思想政治建设的光荣传统，明确提出抓好思想政治建设的工作路径，"粉碎'四人帮'后，我们支部的实践：抓骨干、抓组织，完全正确。应该依靠群众，发展这个经验，在新历史时期的转折点对这个关键处始终不放，磨刀不误砍柴工，一组一组抓，解决反复问题"。他坚持问题导向，"不搞形式主义，要扎实解决问题"。他善于发现问题，看到问题："骨干如何进一步要求？增或减的情况如何？红与专、政治与业务、不计报酬全心扑在教育事业上与按劳分配的合理要求如何理解，如何掌握？对老年、中年、青年教师如何要求？其中各类型代表人物是谁？如何做工作？业务、政治、生活一起抓，民主生活会评教评学等如何实践？能有更好的具体经验吗？"

他牢牢坚守"以教学为中心"，善于抓主要矛盾、牵住"牛鼻子"的工作风格，在《想法》中对狠抓教务处、教研组、备课组建设的论述中可见一斑。《想法》提出，要"切实整顿、充实'教务处'"，"教导主任负责的一期为第一阶段，认真抓好"。《想法》进一步提出了对教务处工作机制、主要的工作内容的构想："开好教务会议，制度、内容、课题、开法都要坚持摸索、出点子。教研组长是委员，要'议'，要提出教学工作的简报和点子。先适当充实兼职教务员、资料员，先抓教学管理及理化生一期管理，下半年再说图书馆。对学籍、教学进度、日课表、成绩分析统计，许多事务工作要有个规格、要求。重点抓教学日志，试点恢复一个班，自己印，但要改进，要能反映学生意见的。"他倡导成立备课组，"从组织上逐步安排备课组长，抓教学的干部还要抓这批（理应是骨干）人。进修从方向、做法上都有大量工作要做。许多事都应承认，还无知。要设想本期试点选举教研组长的问题"。

他不计琐屑，细致安排教学管理工作的事务。他所倡导的"随堂听课""转转会"已经成为成都七中办学传承的重要内容。关于"随堂听课"，他明确要求，自下学期起，教研组长、教导主任、校长随堂听课记录及考核时听课记录（可与6月份左右的研究课、会诊课结合）评分满分300分。平时抽查听课记录、备课记录。组长、主任、校长各人不得低于五节。他细致规定了"随堂听课"满分300分的构成，"整个教学过程看备课质量，是否讲正确知识，是否抓住重点、难点，100分。如何解决调动学生积极性选项目对学生态度，100分。仪态、口语、表达、板书、教具使用、手势表情，语言的科学性、逻辑性、准确性，100分"。除此之外，他还规定了教师考核的另外200分，"召开学生座谈会，系统了解反映，加上查教学笔记、学生作业本、试卷等，100分。教师及职工意见，考核工作作风、思想作风、教师应有的四项任务的表现，100分"。明确了考核标准后，《想法》形成了闭环，"考核小组依靠师生，做好思想工作、组织工作，评完后报党支部集体讨论审核、公布。优者必奖（红榜发10元以下奖金、证书），劣者必罚（公布成绩。限期作出提高计划，调整工作岗位）"。

他狠抓课堂教学，提出要解决好"课堂四十五分钟问题"。他强调，教师的课堂四十五分钟是一种"硬功夫"，"还要用范例（包括反面教训）来宣传，根本问题在四十五分钟的硬功夫上"。他尊重教师在课堂四十五分钟上的主体地位，"既要允许教学方法乃至教学思想上的'二百方针'所要求的实践，不强加于人，但也要真正接受教学规律客观存在"。他把学生的发展作为衡量课堂四十五分钟优劣的重要标准,"学生是否有收获？心理过程的规律、教学原则、班级授课制所带来的一系列前人已总结出来的规律等也是不允许'乱破'一通的"。上好一堂课,抓住课堂四十五分钟,解子光将其视为教学相长的重要途径,"要探索比较合理、比较全面来反映一个教师的真正水平的途径、因素。建立必要的考核制度,建立一些学校独特的作风、传统。比如,建立教师业务档案"。

他识人用人,重视人才,作育新人。他专注课堂、讲台阵地,深入课堂,乐于和师生交流,"谢晋超、龚廉光两人中选出（一人）,搞二至三次（教学法的讲课）。组长、本人讲一次教学法,大家讨论。全体教师参加的一二次（短小的）经验交流会。搞一二次小型会诊性的研究课,做评议。组长、教导主任、校长都要做评议性、阐述课堂质量的发言"。他知人善任、扶掖后进,"教务主任重点抓教学,兼课分量要减少,佘（万福）只教语文和文学,刘（国璋）不得多于四节课"。他身体力行,对自己对校领导班子要求甚高,"重点学校教师应是逐步培养出一批本学科的专家,一些优秀教师。学校干部虽然都是教师出身,但还说不上是完全内行。应该考虑专门搞一门学科或教育工作中一个课题的学习、研究。如何做,很难设想。就自己而论,还不如真钻研教一门什么课好"。

成都七中的学科重建工程也发端于解子光,手稿与校史资料显示,解子光尤其重视教研组的功能重塑,建设跨学年备课制度,要求各教研组研制《三年教学衔接手册》,明确知识点的螺旋上升路径。七中数学组留存的1985年的《函数教学图谱》,将初中一次函数到高中导数的演进过程可视化,成为当年四川省教育厅推广的范本。课例研究常态化,每月一次的"双课一评"（示范课、研讨课、集体评议）形成制度。英语组1986年的研讨课实录中，详细记录了如何通过《双城记》选段开展批判性思维训练，该案例后被收入《四川中学英语教学改革案例集》。

解子光推动师生共同体实践，从现存的学生座谈会记录中可见《想法》手稿中所倡导的民主治校思想。尝试让学生参与治校，成都七中从1983年秋季起，每班选派两名"教学观察员"列席教研会议。高三（2）班学生赵志伟在1984年3月的会议记录中提议"物理实验课应与校办工厂技术改进结合"，该建议促成了"力学原理在轴承打磨中的应用"系列实践课。包容学生个性，针对学有余力的学生，准许其在图书馆开设"微型研究课题"。他之后的继任校长们接续推动的管理机制现代转型。《成都七中教学管理规程》（1983年版）极具现代管理思维，模块化的时间管理将教师工作时间切分为课堂教学（40%）、备课研讨（30%）、专业研修（20%）、学生辅导（10%），此结构为省内首个精细化教师工作量化方案。

何事居穷道不穷。在百废待兴、百端待理的特殊年代，解子光既有教育家的理想，也有实干家的做派。解子光的《想法》用相当多的篇幅对春季学期的工作进行了筹划，从老师到炊事员各方备至，细致有加。

对教师进修工作，他要求"一开始就要提，要专题到人"。对教学内容与教法，他强调，"既不能使学生消化不良，但也不能估计过低"，"精讲不是少讲，多练不是烂练"，"语文课要把大量课外阅读和课内阅读的指导抓起来"，"各学科有自己的特点、问题、自己的教法"，他鼓励"转转课""研究课"，倡导"围绕问题来定课题、内容、时间，围绕问题来坚持'四认真'"。

解子光三十余年教学办学经历的"否定之否定"凝练沉淀了他的

中学教育理念，手稿更是展示了他作为校长的实干家、行动派特质，他要求开好教务会议，"制度、内容、课题、开法都要坚持摸索、出点子"，他的治校风格是具体、耐烦不计琐屑的，"对学籍、教学进度、日课表、成绩分析统计、许多事务工作，要有个规格、要求"，"重点抓教学日志，试点恢复一个班，自己印，要能反映学生意见的"。百弊丛生，他要求得迫切，"立即成立兼职资料员所负责的资料室，按学科、按年级自编自印全市及其他地区资料"，"边教学边改书目、卡片，由简单到复杂，十年后要拿得出手，有事业心，才可能开步走"。

由解子光推动的教育改革，扎根于当时的现实需求，其核心举措在七中校史中均有确证，其继任者叶乃需、杨礼、戴高龄、王志坚等立足改革、赓续进取，一批中青年教师崭露头角、渐成栋梁，教学成果竞相迸发。桃李不言，下自成蹊，解子光由此开启了20世纪七中创建中华名校的征途。

20世纪80年代，在解子光提出的考核体系基础上，成都七中探索了教师评价的制度化尝试，1982年《成都七中教师考评细则（试行）》等相关档案留存了这套评价体系（现存于成都七中校史馆）。成都七中一直坚持解子光提倡的专业能力测试，每年暑期组织教师参与学科测试，考题包含基础题型（60%）、教学案例分析（30%）及自选研究方向论文（10%）。

学校成立由教研组长、学生代表组成的课堂观察团，定期填写《教学效度评估表》。档案室保留的1984年语文教师评估表显示，"课堂互动频次""板书逻辑性"等二十四项指标均有量化记录。学校还首创"动态进步率"算法，通过三次学期统考成绩的数学建模，生成教师教学效果曲线图。这套算法后来被市教育局采纳，成为1987

年全市教师评优的重要参考。

重拾1979年这卷万言手稿，让我们看到了20世纪80年代经历了"否定之否定"的解子光作为教育工作者的自省自觉。重温这卷手稿，解子光的真正遗产或许并不在于其兴教办学的成绩和成都七中教育改革的肇始，他坚持调研先行、尊重专业话语、构建多元参与、注重系统衔接的方法论值得我们深入研究和继承，他秉持人的全面发展的教育价值观值得我们坚守。抚今追昔，顺逆兴衰，前瞻往哲，后启来者，手稿从另一个维度，帮助我们探索成都七中百廿年弦歌不辍的精神密码，也从另一个视角，帮助我们回答"何以七中，七中何为"的历史叩问。

拨乱反正，落实政策

1979年底，在成都七中工作、生活了二十多年的校长解子光，正式离开成都七中，任成都市教育局局长。[①]时年，他已五十七岁。

正值20世纪80年代初，成都教育百端待理，此时解子光受命于危难之际，肩负着拨乱反正、落实知识分子政策、提高教师待遇和提高教育质量的重任。

在局长任上，解子光的第一要务是拨乱反正。1971年全国教育工作会议召开，"四人帮"修改审定的《全国教育工作会议纪要》提出了所谓"两个估计"，广大教师长期受到严重压抑。1977年，《人民日报》发表了教育部批判"两个估计"的文章，这就成为解子光局长

---

① 直到1980年解子光仍兼任成都七中党支部书记。——编者注

拨乱反正的依据。成都市教育局很快成立了"落实政策办公室",从各个学校抽调多人来参加此项工作。

时任教育局副局长曾宪吉回忆说：

> 20世纪80年代初期我到教育局工作,我在局政治部任副主任。不管在政治部工作,还是后来当副局长,我都是解子光的副手。
>
> 解子光对"落实政策办公室"抓得很紧、很及时、很扎实,这体现了他对基层教师的同情、理解和认识。作为一个曾经的教师,一个长期工作在教育第一线的中学校长,解子光对教师工作的辛苦和待遇低下,深有认识。
>
> 中央深知"反右派斗争"扩大化在知识界特别是在学校教师中造成的灾难性后果,也深知"文化大革命"对学校教师打击的严重性。中央提出拨乱反正,平反冤假错案,落实知识分子政策,让学校教师、领导挺起胸、抬起头,以"知识分子是工人阶级的一部分"的身份作为国家社会的主人,去培养社会主义建设者和接班人。
>
> 作为成都市教育局局长的解子光同志,他面临的就是这项政治任务。在他的领导下,成都市教育局开展了拨乱反正工作,为错划的右派教师、领导平反,为"文化大革命"中遭受冲击的教师、学校领导恢复名誉,去掉他们个人档案中的错误结论和不实材料。解子光在做这项工作时,是倾注了强烈的革命感情的。
>
> 记得有一位校长的个人材料就堆满了半张办公桌。解局长了解这个情况后,对"落实政策办公室"的工作人员说："工作是繁重艰巨的,但我们要站在被冤屈老师的立场上换位思考,这对

他们来说是多么重要。我们的工作是在为党分忧，为社会主义出力。"

解子光在教育局工作时十分辛苦，但生活非常简朴，一个馒头、一碗开水，就是一顿饭，还常常要熬到晚上10点过，做那么多工作。我的感觉是：这个人吃的是草，挤的是奶！

曾宪吉当时作为解子光的副手，负责"落实政策办公室"相关工作。他回忆说，有一次，他向解子光局长汇报情况。有对两位教师的错误结论和不实材料被写进了档案，但这两人完全不知，只有单位的专职人事干部和管人事的领导干部知道。按规定，这些教师的档案是人走到哪里档案就跟到哪里，他们的工资、提拔都会受到影响。了解到这些情况，解局长伤心得像个孩子，眼泪都要落下来了。

在落实这些教师的平反政策时，解子光倾注了他真挚的感情。

曾任成都市教育局普二处处长的徐元祖回忆到，当时他还是一名年轻的工作人员，与解局长骑着自行车，一个学校一个学校地跑，了

解子光，摄于成都市教育局局长办公室

解学校领导班子的情况。他们一个人一个人地谈，往往一天要与十几个人谈话，从上午开始，一直到晚上；回到教育局还要整理谈话记录，一天工作十几个小时以上。饿了，就吃一个锅盔，喝一点茶水，绝不麻烦学校。经过半年左右的工作，既按中央要求，落实了政策，又按"四化"标准选配了干部。在全市层面，初步解决了干部选配问题，为成都教育的发展建设了一支好的队伍。

曾宪吉回忆说：

> 我当时住在科分院，有天一早开门，吓了一大跳，从外地来的三个老师在家门口睡着了！听了他们的倾诉，他们在历次政治运动中受到的打击和排挤，我赶紧去向解局长汇报。
>
> 那个时候成都市教育局在天府广场西边那栋办公楼上班，每天都有很多基层学校教师来，希望落实政策，教育局就在楼下安排了长凳子，让他们挨个排队。
>
> 一天，我刚刚走到楼下那排长凳的时候，三十二中的一位白发教师扑通一声跪下，只听得那个白发教师说："你是否姓曾？曾副局长？是，我就不起来了！你不答应我的要求，我就不起来！"
>
> 我马上说道："这不公平，我也给你跪下，我们平等说话……"
>
> 这位白发教师声泪俱下地讲了他受迫害的事情。
>
> 我当时还年轻，看到这一幕都哭出来了！我赶快把情况汇报给解子光。解子光听了连声说：这么严重啊，这么严重！我们要为这些教师鸣不平，把他们从禁锢中解救出来！必须从政治上、经济上解脱出来！

除了拨乱反正，当时教育局还有一项艰苦又棘手的工作，具体来说就是解决教师待遇问题，首要是增加教师工资。

解子光迅速组建了教育局系统内的调资办公室。

由于教育部门在经济待遇上欠账太多，不少教师、领导还停留在起始工资上，当时成都地区本科毕业生进入中学当教师的试用期工资是四十二块五角钱，转正后工资调整到五十三块五角钱，这个工资标准一二十年没有调整过。大多数教师的家庭经济负担过重，急需解决。教师的缺口太大，一些学校没有办法开班上课。不少学校吸收了"文化大革命"前高66级、高67级的知青来充实教师队伍。但这部分教师工资更低，大多在三十元左右，而在实际工作中他们的教学任务重，其中不少人已经成为教育教学的骨干，解决这部分教师的待遇也迫在眉睫。

这个时候国家作出了重大努力，在教师普遍升一级工资的基础上，再拨出部分升两级的调资指标。虽然如此，仍然不能弥补这些年来的亏欠。成都市教育局直属学校升两级的缺口仍然很大，而升两级的指标数是由四川省教育厅直接掌握的，当时下达给成都市教育局下属学校升两级的指标仅仅为教师总人数的17%。

解子光知道这种情况后非常担心，他多次对曾宪吉说，"成都市教育系统范围内缺口很大，17%的指标数不能解决好教师的待遇问题"，要曾宪吉向四川省教育厅反映，争取多给一些指标。

解子光感叹说："我们的历史欠账太多！小曾，你还要力争啊！"曾宪吉回忆说，解子光说这个话的时候，声音都是打战的。

曾宪吉后来去找教育厅何厅长，多次反复争取，指标数一点一点地增加，最终争取到了52%的指标数。解子光局长和教育局同事们的努力，对提高成都市中学教师工资水平起到了极大的作用，充分调动了教师的工作积极性，激发了他们教书育人的责任感，有力推动了成都教育水平整体的快速回升。

后来解子光总结此项工作时说："这就是具体的为人民服务！"

解子光不遗余力为教师落实政策，其实也是缘于他的教育初心和教育理想。他在给成都七中原语文教师黄孝珍的一封信里写道：

> 看到今天的年青一代，他们受到的损伤更烈；知识贫乏，精神空虚者不乏其人，信仰与信任动摇者更多。他们如何肩负历史重任，使民族真正屹立于世界？又得靠我辈中人去引导、哺育。每念及此，我们这批教师大军的确担子太重。作为教师之一，仆常有力不从心之感。君正壮年，各条战线均赖这支骨干，承上启下，艰苦奋战、为国分忧。来信所及宏愿，发自肺腑，至为感人；愿我们共同为此着力，为建立中国自己的教育科学体系而献身。

在局长任上，解子光总结道，"我们建国以来学校领导工作的经验和教训，无非是集中在两个问题上，即如何贯彻党的教育方针，如何执行党的知识分子政策。学校领导工作无非是要在这两个问题上狠下功夫。其一，要不断端正办学思想和教育思想；其二，要切实组织好教师队伍。这两者，又是互相影响、互相渗透的。仅就后者说，既有丰富的历史经验，又有成堆的现实问题。一切正确的行动规范和工作程序，都是要由作为'社会关系总和'的'人'去实现的。中国的社会现实是处在历史巨大变革的时期，如何从中国的历史特点和中国社会现实出发来分析学校教职工队伍？如何在现阶段，创造性地发展和运用我们党几十年来的群众思想政治工作经验？学校教育质量不高，其原因固然很多，但仅就其中一个'人'的心理因素来分析，要

四川省成都市教育局革命委员会　　稿笺

孝珍同志：

信及日历沁均悉。新岁初来，浮国人事，且多有祝福，立愿、立誓。真是时节如流，一下就是二十来年了。从五十年代后期起，左的路线给国家、民族带来巨大的损害，社会的优越性不能充分显示，而我们自己又或多或少、或轻或重受到了创伤。尤而甚到今天的年青一代，他们受到的损伤更甚，知识贫乏，精神空虚也不言其人，信仰与信任动摇以至于。他们如何肩负历史重任，使民族真正屹立于世界？又须靠我辈中人去引导、哺育。每念及此，我们这批老师大学的确担子太重。作为教师之一，外常有力不从心之感。居之北年，志求战线均较迟支青年，承上启下，艰苦奋战，毫围乃爱。来信所及宏愿，感同身随，立当努力。愿我们共同为此努力，为建立中国式的教育科学体系而战斗。专致敬礼，并祝

国庆节日快乐！

解子光
月二日

解子光写给黄孝珍的信

调动和组织好一切积极因素来正确贯彻教育方针和极大提高教育质量"。他进一步指出，"办好学校的基本要求其标准有四：办学思想端正、领导班子过硬、队伍建设方向明、管理有方校风良好"。

学者型局长

身为教育局局长的解子光尤其强调贯彻党的教育方针，尊重教育规律，将工作重心放在提高教育质量上，为百端待理的成都教育发展奠定基础。

20世纪80年代初，各行各业都十分缺乏人才，恰逢恢复高考不久，当时的成都市教育局各直属学校，都在千方百计力争向高校输出更多更好的人才，各校结合实际，有了"百花齐放"的抓法。时任分管教育的市领导在调研学校时，对一些学校提出要"理直气壮抓尖子"，以适应快出人才、多出人才的要求，于是让当时的教育局局长解子光在全市直属学校领导干部会上做动员部署。可是长期从事基础教育工作的解子光却有了不同的看法——不愿单纯追求"数米米"，不想只抓升学率，于是在市教育局党组会议上，通过充分讨论和广泛听取基层单位的意见，最终达成了既要"理直气壮抓尖子，又要满腔热情扶中差"的共识，体现出对区域教育发展均衡性的重视。此事既反映了解子光作为局长"不唯上，只为实"的具有学者风范的执着，又从另一个侧面反映他一贯服务于全体学生发展的教育理念，这在那个特殊时期是难能可贵的。

1982年5月28日，解子光在成都市教育学院干训班做了题为《放开眼量，为培养"全面发展"的人而举步前行》的报告。他深刻理解

解子光手稿《放开眼量，为培养"全面发展"的人而举步前行》（局部）

全面发展的教育方针并躬身力行、育人不辍，提出要研究"全面发展的教育方针如何落实，如何看长远与现实、德智体问题、理论与实际、直接知识与间接知识、主学与兼学、尖子与大面积等等问题"。针对这些问题，他有态度、有思考。纵览手稿，他处处都在强调教师要尊重学生成长的规律，培养学生独立、动手、实践的能力和多元发展。他鼓励教师应该培养学生阅读，引导、培养学生兴趣爱好，这正是今天我们所倡导的"完整的人"的教育。他对教师更是要求甚高，要他们学为通人，强调教师自身要对社会、历史和人的成长规律有足够的理解，才能更好地引导学生。他指出了教师的成长路径，应通过阅读、思考和实践，形成自己的教育理念和方法。解子光关于教师队伍建设的思考指向明确，特别强调教师人文精神的培养，独立思考的养成，教育使命感、社会责任感的培育。

1982年6月，解子光在《建设队伍，形成一个良好的教育集体是学校领导班子的一项根本任务》一文中，更系统地总结了教师队伍建设经验。他明确提出，"教师是学校的主人"，要"珍惜和培养主人翁感"，他认识到，"知识分子需要丰富的精神生活"，需要"珍惜和培养献身事业的荣誉感和实现理想的事业心"。他要求学校校长要"爱才、惜才、人尽其才，要珍惜和培养人的自尊心和自信心"，要"珍惜和培养自豪感、集体依赖感"。

在教育事业上，解子光注重思考和躬行，他说："学习要读书、思考，要'爬出来'，为学如舍舟登岸，不唯书。"身为局长的解子光时常深入教学一线，与教师交朋友。他自己的工作笔记中，有一份当年听成都市泡桐树小学教师杨重炎发言的笔记，细致工整，像一份清晰的思维导图。

老教师黄孝珍收藏了几封解子光任局长时的手书信函。从一封封信

建设队伍，形成一个良好的教育集体
是学校领导班子的一项根本任务

成都市教育局　解子光

（一）提 出 问 题

"学校领导班子的根本任务之一，就是要带好教师队伍，形成一个良好的教育集体"。这似乎是常识，但要从理论上把它讲清楚，并不那么容易；实践起来，更为困难，真正已卓见成效的，还不多见。

现在为什么要提出这一论断？

目前，国内对学校管理问题的研究，很活跃。全国各地论述普通教育学校行政管理的专著或系统讲稿，已出版不少；特别是论述"教师心理"和"管理心理"的，其贡献尤为显著。也还有少数专家，试图将西方近代企业管理的原理引入这个领域，开始了一些探索。总之，与六十年代以前那种只有二、三本苏联论学校管理的译本相比较，确实是盛况空前的。

在这许多论著中，按技术管理系统，大都总结了不少学校的实际经验，因而对计划、检查、总结各项工作的要求，以及所提的各种规章、制度、表格，都比较适合"国情"，也相当详尽。如按行为科学系统，则对实现这些规章、制度、职责的"人"来说，就其素质和素养的分析，也各有一些创见。这一切，对指导当前的实际工作，对开拓理论研究领域，无疑都是很有益的。

然而，中国学校管理科学，在已有成就的基础上，进一步发展的方向在哪里？倘对我们学校的现实情况再进行仔细分析，是不是可以

— 1 —

《建设队伍，形成一个良好的教育集体是学校领导班子的一项根本任务》（局部）

解子光听取成都市泡桐树小学教师杨重炎发言时所做的笔记

中,既能触摸到那个时代的脉搏,又能够从另一个侧面了解解子光躬身教育、深入钻研的情况,看到一位教育局局长的思想意识与精神境界。

在一封回信中,解子光是这样写的:

> 关于"板书"问题,据语文教学特点,从实践中提出若干带规律性的见解,这是很宝贵的,而且对具体教法上多有启发人的创见。唯以鄙见,当前整个教学思想及教学方法的改革课题而论,似尚有更重要题目:即以语文教学说,时人已深入到"语文教学论"境地的探讨。倘能从这些经验、体会中就教学过程的理论来展开讨论,则意义和贡献更大;而这点,我深信您是会有更多成就的。正如君言,"晚上虔心读书",乃为人生一快事。建议多读当前一些教育方面的书刊,对于了解教育实践的进展,对于放开眼界,均大有助益于精进的。如《教育研究》《国外教育》(《人民教育》《四川教育》亦略有发人深思之作)等刊物;基础性的如《教育心理学》亦可。关于我们实际中涌现出的重要题目,大体有:赞可夫的"一般发展"教育哲学与凯洛夫体系之关系;教学改革中的如何"教会学生自己学"。对于"黎世法教学法""自学辅导教学法","育才"的、"景山"的等等,在我市均有所借鉴、发展。乃若语文教学课题中更多需着力的,如"序"的问题,如"教为了不教",学生真正在课堂"无浪费"?学生真正爱学、想学、会学?特介绍去查一下《四川教育》本年第七期,泡桐树小学骆大华的文章,并希能共同探讨教学中"立体结构"及"学生学习活动总量"问题。

据高66级刘仁清回忆：

大概是20世纪80年代的一天吧，我去他的办公室，和他有过一次较为认真的交谈。谈话的内容，我已经大多记不住了。只记得他对我说，人情练达即文章。但他又说，他的志向本不在此。他说他的父祖从医，当然希望他能继承衣钵。但他却违背祖意父意，进入武汉大学学习哲学，对黑格尔的大、小逻辑学都做过些研究。在校期间，受进步思想影响，又因向往传道解惑的教职，所以后来转向从事教育工作，并渐次走上学校领导岗位。但几十年下来，他其实一直想学太史公，留点书面的痕迹在世。于是，他引用司马迁的话讲，他不愿意做一个"循吏"。

那时候我还没有读过《史记》，不甚明白"循吏"是什么意思，更不清楚他的内心密愿。直到他去世的第二天，我见到他的长子，才知道老校长晚年好静，嗜读佛经。他长期闭门独处，自甘淡泊，对于儿女的照拂与物质生活的要求都不高。于是，联想起当年的"循吏"之说，我才似乎多多少少地感觉到了他的内心世界。

佛家有慧根之说。所谓"慧根"，实质上是讲对人间世的认知态度和对精神生活的感悟能力。解校长有属于他个人的精神家园，跟许多现代人的生活旨趣不同。现实生活中，许多人皆向往"汩汩荣辱之场，日与锱铢利害相磨戛"，用感官的享乐或位高权重的满足，去代替精神层面的营造。解校长与这种人相去甚远。

说到底，他是一个有思想、有个性、有精神追求的知识分子。可惜，至今尚未看到他所愿望的那样，给后世留下些书面的文字来向我们解说他的人生，他的世界。

第四章 / 辨得义利因无私

西汉董仲舒说:"正其谊不谋其利,明其道不计其功。"何谓"谊""利""道""功"?两千多年后的今天,也是可以注入社会主义内涵的,从而就使这"不谋""不计"显出个不变的"框架"来。作为"非匠人"与"非俗吏"的教师,他所终生追求的,正是这类"框架"在自己心灵上的清晰与成熟。

——解子光

义利之辨是中国传统文化中特别强调的，是指关于道德行为与物质利益的关系问题的辨析，厘清道德行为与物质利益的关系。义利之辨是伦理学中道德评价标准的问题，孔子在《论语》中提出"君子喻于义，小人喻于利"——将"义"属之于"君子"，要求道德高尚者必须遵循；而将"利"归之于"小人"，让普通大众能够生存发展。

"君子义以为上""君子义以为质"——"义"是解子光关于"为人"的理解的核心。

师者道心，风骨自存

《中庸》解释说："义者，宜也。"凡事适宜就叫作"义"。作为教育工作者，怎样才是适宜的呢？韩愈说："师者，所以传道受业解惑也。"做教育工作，首要看重的是，是否有一颗不计名利、不顾得失而一心求真、专注利人的道心。

"文化大革命"前的成都中学教育界，成都的许多中学校长、教导主任都知道成都七中有个号称"小凯洛夫"的解子光。有一次中学活动，听说请来了解子光讲话，那些中学校长好高兴！听了解子光的讲话后，了解到他在教育理念、教育实践方面很有一套，校长们很感动。解子光讲他对凯洛夫教学的"五个原则""七个环节"的理解，如何生动活泼地让学生受教育、获得知识，校长们很有启发。

解子光曾经到北京参加教育行政学院培训，那个时候全中国的各行各业都在学苏联，教育部让凯洛夫亲自为来自全国各地的校长们上课，一时间，苏联的几位教育学家风靡全中国，从事教育工作的人，特别是教育管理者，嘴上随时挂着凯洛夫、马卡连柯，这些苏联教育家对中国教育界产生了重大影响。

后来因此受到批判，解子光说："我一点都无所谓，光明会给鄙人的。我有我的信仰。"这种情况下，解子光对教育还有这种初心和执念。

1969年夏天，解子光从"牛棚"中出来，被成都七中校革命委员会指派到龙泉山的山泉分校。

龙泉山上，解子光讲十大教育法，讲怎样做真正的瓦尔瓦娜。瓦尔瓦娜是苏联电影《乡村女教师》里面的女主角，她是一位平凡的乡村女教师，她把一生都奉献给了乡村教育。这部电影在我国公映后，影响了一代人，特别是那些热爱教育、愿意把一生奉献给基础教育的教师们和还在师范院校即将从事教育事业的大学生们。

虽然置身于条件十分艰苦的成都七中山泉分校，虽然还没有恢复原职，解子光却想着这里的学生，要影响他们，要教育他们很好地做人，要教育他们成才。他认为这是一个教师最有干头、最有奔头的地方，要像灵魂工程师一样，虽然以劳动为主，但是更要把教育、教学抓起来。劳动教育要让学生体会到劳动的艰辛，体会到劳动人民的疾苦，要真正转变他们的思想和情感，令将来他们下乡后融入农民生活。

站在龙泉山上，解子光想的是教学也要"突"上去，每天上课一定要让学生学到知识、学到文化，更要让成都七中这个"妈校"的学生学到智慧，因此，一定要让这个地方书声琅琅、琴声悠悠。

夏天到了，龙泉山上春天绯红烂漫的桃花变成累累硕果，山泉分校的学生们要到美满公社十队去摘桃子。解子光也要去，他那时已有心脏病，走路十分吃力，但他一定要去。他没有一点点派头，没有一点点傲慢，谦恭豁达。

新来的教师上课时，解子光就站在窗边听，站整整一节课，有时站不住了就坐在石头上继续听，晚上与新教师探讨讲课的优缺点，提出一些建议。

在同学们的眼里，山泉分校的解子光，剃了个寸头，毛发直立，不留胡子。天寒时，穿的就是一件没有罩衫的黑色中式棉袄。天气转暖后，解子光最常穿的是一件洗褪了色的蓝色卡其布中山装。脚蹬一双布鞋、草鞋或者解放胶鞋，视天气晴雨而转换。因为山上缺水，他的中式棉袄好像从没洗过，胸前布料油光水滑，早已失去了本色，像是涂了一层防水材料，倒也更利于他风里来雨里去。

解子光出入山泉分校，有件常用道具伴身——一顶斜背于肩的麦秸秆儿草帽，抵挡风雨，遮蔽毒日。他就这身行头，与学生们一起在蜿蜒崎岖的山路上谈笑风生，一改课堂上和工作中的严肃，令少年时的学生们感到十分亲近。为了听高77级学生的课——这些学生正上山前往乡村小学讲课，解子光和这些学生同样一日往返几十里，他的心脏病让他走路时气喘吁吁，如拉风箱。

在那个时候的龙泉山美满公社，解子光是很有些名气的，山民们一见到七中学生，便会用关切的口吻问起解校长的近况。解子光在山路上经常与山民们愉快地摆着龙门阵，此时此景，他的形象和装束，活脱脱就是一个老山民。

可他是一位可爱可敬的校长啊。

当时刚从成都师范学校毕业分配到成都七中当教师的余森，拿到调令到七中报到，校革委会分配他到山泉分校。当时七中的高中学生必须在那里上半年劳动教育课，以"培养学生的劳动人民意识"。

余森去时，只见一个瘦瘦小小的老头站在山坡的一块石头上等着，眼巴巴的，好像希望有人来辅助他，帮他把这个山泉分校办好。看见余森从山下走上来，解子光从石头上下来，握着余森的手不放，连声说："欢迎欢迎，简直盼星星盼月亮，就需要年轻人，我这个老头子有病，跑不得，走不得，只能有想法。"

解子光把整个山泉分校的情况向余森做了介绍，带着他看房子、看地。解子光说："这个学校大哦，整个龙泉驿你都可以去安置学校，教室就是这个干打垒的房子。你就住我旁边，这里条件很差，你不要嫌弃。"

解子光住在一间干打垒房子里，很黑，窗户很小，一张条桌靠墙，上面搭了一双袜子，下面一盆黑水。他经常一边啃玉米馍馍，一边喝一碗白开水，这个场景让走进这间房子的余森惊讶到了。

余森问："解校长就吃这些东西吗？"解子光说："学生吃长饭，学生长身体时段饭量是很大的，我早晨留了个窝窝头没吃完，我就吃这个。"他边吃边看书，他的桌上有一套凯洛夫文集，还有线装书，有《中国通史》，也有中国教育方面的杂志。

余森见解子光洗脸盆里的水很黑，想去换盆干净水，解子光却连连说："不用不用，现在水很紧张。学生每天都要下山走三千米到百工堰端两盆水上来，来回都很辛苦，那是我们吃饭用的水。农民打了红砂石条后石坑里面的水，就是学生洗脸用的水。现在打水很艰难，必须节约。"

余森认为这水也太脏了，怎么可用呢。

解子光却说："有用！至少，那些树子花草干了还可以浇一下。

而且我还可以洗手！要晓得，脚比手还干净。"

紧接着解子光说了一句话："我还没有解放，让我上山我已经知足了。"

传道授业，教师大义

解子光是武汉大学哲学专业出身，在高中生的课堂上讲毛泽东的哲学著作，对于他可以说如鱼得水。那一年，他给高66级一个班代讲政治课。据高66级刘仁清回忆，他讲的课中有那么一段让有的学生很长时间一直感到疑惑。那就是解子光在讲相对真理与绝对真理的时候，竟然不去引用庄子的比喻，或是鲁迅《起死》和恩格斯《反杜林论》中的举证，而是用了一个非常浅显易懂、通俗明白的比喻——手电筒。

解子光在阐述相对与绝对关系的时候，把人类发展的终极目标视作绝对真理；同时，又把人类思想史上特定阶段形成的某种思想或主义看作一种相对的认知手段和认知工具。

因此，解子光在课堂上大胆断言，在到达终极目标的道路上，人类必须借助一定的认知手段和认知工具，只不过这种手段与工具都是相对的，就像手电筒一样——它能够，但也只能够帮助人类眼明心亮，犹如人需要依靠手电筒的光芒穿破黑暗，看清楚脚下的道路，才能一步一步地达到光明的终极。

把人类思想史上特定阶段形成的某种思想或主义看作一种相对的认知手段和认知工具，是解子光深邃的哲学认知。

经济学家李稻葵是1978年考入七中的，有幸成为解子光最后一批学生中的一员。李稻葵将解校长视为成都七中的灵魂缔造者。解子光的两次演讲让李稻葵感到刻骨铭心。李稻葵这样写道：

有一天下午，正在上课，学校突然紧急召集全体学生开会，像军事演习一样，学生们面面相觑，不知道发生了什么大事。

原来是解子光校长发火了！

事情的起因是有个别同学在食堂吃饭的时候将米饭扔到了水沟里。

那个时候的食堂，蒸米饭用的是铝制的方形大盆，半米见方，只有五厘米厚，搁上米再加上水，放在笼子里蒸。蒸熟的米饭，在空气中稍微停留会儿，表面就会形成一层硬邦邦的米壳子，口感不佳，有些学生就把最上层的米壳子刮出来扔掉了。

那一天这件事被解校长发现了，于是紧急召开大会。大会上，解校长心情沉重，他声情并茂地教育学生们：粮食是人类生存的必需品，尽管在和平年代体会不到饥饿的痛苦，但是我们一定要记住节约粮食。最平凡的东西在一定条件下会变为最珍贵的，生产粮食是人类最基本的劳动，也往往是人类最辛苦的劳动。所以，珍惜粮食既是对劳动的尊重，更是一种居安思危的最基本的人类意识。

从那次演讲之后，再也没有谁浪费粮食了。

如果说这一次演讲是解校长紧急召集的，那么另一次则是他精心准备的。

这批学生快要毕业前，已经调离成都七中去担任成都市教育局局长的解子光①回到七中,在高考前给同学们做了一次演讲。

他说:"同学们马上就要毕业了,在这里,我要给你们一生的嘱咐。你们毕业以后,还有三门功课一辈子都要反复攻读:

"第一,一定要多读点文学。文学是品味人生最好的窗口。文学让我们不断地了解自己,理解人生。

"第二,一定要多读点历史。历史是我们的过去,是理解当今社会的窗口。读历史,让人豁达,让人心胸开阔。

"第三,一定要多读点哲学。哲学是最深刻地认识世界的窗口,在人生的每一个阶段读哲学都有不同的体验。"

利于他人,讲求仁义

"爱人利物之谓仁",心怀慈悲心有大爱的人,总是想着如何有利于他人,却时常无暇顾及自己以及身边的亲人,也就是我们常说的公而忘私。这一点在解子光校长身上得到了充分的体现。

黄孝珍曾在成都七中执教六年,一直担任班主任,从事语文教学工作。她在一篇缅怀解子光的文章里写道:

> 我在平时工作中与解子光校长接触比较多。他在我心中既是一位威而不怒、工作严谨、博学多才、谈吐幽默的好校长,又是一位公而忘私、平易近人的长者。
>
> 记得1962年,我儿子三岁,需要入托幼儿园,我正为孩子无

---

① 此时解子光仍担任成都七中党支部书记。——编者注

法入托发愁不已。突然有一天，学校通知我和另外三位老师到四川省委党校幼儿园办理孩子入托手续，我们顺利地办了全托手续，大家高兴的同时也非常感谢学校的关怀。

　　过了一段时间，突然听说解校长的小儿子夭折了。我心里一惊：怎么会呢？经了解，原来是这样的：四川省委党校幼儿园给解校长个人一个入托幼儿园的名额，他的小儿子可以入托，但解校长婉言谢绝了，并说"请不要给我个人，希望多给几个名额"。后来党校幼儿园给了七中四个入托名额。解校长非常高兴，立即就把这四个来之不易的名额分配给了周德芬老师、肖曼倩老师、王铨玉老师和我，而解校长的小儿子仍未入托，依旧养在他父母家中。后来解校长的小儿子生病了，好像是荨麻疹，他因一心忙于工作也无暇顾及，直到孩子病危告知他，他才请假急忙回家。当时他在市上开人代会，抱着宝贝儿子朝医院跑去，在医院抢救不到两个小时，小儿子停止了呼吸。他就这样看着四岁多的宝贝儿子从他面前离去。作为父亲，这是怎样一种不可名状的撕心裂肺的痛啊！而他又是一校之长，重任在肩，哪有时间沉浸在痛失爱子的悲伤中？含悲忍痛，工作如故，悲伤之情在工作中从未有丝毫的流露。

　　当我知道这原委后，潸然泪下。除了衷心地感谢解校长对我们的关怀，一种敬佩之情也油然而生，在两次送来的入托名额中，他本可以任选一次送自己的小儿子入托，让他得到很好的照顾，而不至于发生后来不该发生的事情。解校长在为公还是为私、为己还是为大家面前，义无反顾地选择了为公、为大家！一位德高望重校长的高尚人品，一位共产党员"毫不利己，专门利人"的精神，不都诠释在这大爱之中了吗？

> 解子光校长离开我们十一年了,他对教师的关怀令我们终生铭记,他高尚的人品值得我们永远学习,他毫不利己的精神是我们忠诚党的教育事业的不竭动力!在教师节来临之际,我以真诚的心致敬杰出的解子光校长!

黄孝珍的这段文字,背后反映的是当年七中教师队伍建设的八大措施之一。

《成都七中校志(1905—2005)》第234页《教师队伍建设与青年教师的培养》里,有1961年12月《在校内组织教师业务进修的情况(第二次工作报告)》。报告提出,对青年教师既要热情关怀、耐心帮助,又要严格要求、大胆使用,还要尽量给青年教师创造一个良好环境,不但学校行政要做好工作,工会和共青团也要抓好这项工作。具体有八项措施,第一条就是:在生活上妥善安排,包括食、住及个人恋爱或家庭情感生活都要关心到,要使新教师普遍感到温暖。

陈祥玉老师在成都七中当班主任长达三十五年,从到七中的第一天到退休前的最后一天都在七中从教。说到七中精神,她总结了几点:

第一,是有集体凝聚力,不仅仅是师生,更是在学校工作的每一位员工不分区别的共同努力。

第二,是负责与关爱,不仅仅是对成绩优秀的学生,更是对每一位学生的包容与期待。

第三,是不断学习,不仅仅是坚持学术本位,也包括向许许多多的兄弟学校学习。

正是有了解子光校长的这种讲求仁义、关爱师生的风格,在群英荟萃的成都七中,才能逐渐形成"团体战""整体战"的传统。

"老师要当抱鸡婆"

教育要义之一，就是爱惜和保护所有学生。七中老教师王淑君说：

> 解子光这个人，他从来不说哪个人坏话，他的内心是坦然的，他个人私心杂念是比较少的。
>
> 他热爱学生这一条体现得很深，教师们回忆起来都说，从来没听他说过哪个学生有好坏、好差，他经常说一句话，"学生没有差的，如果有，那都是我们老师没教好"。他还说，"你抱怨学生，你不喜欢他，埋怨他，他当然就更差了"。
>
> 在这个问题上，解子光非常推崇黄家玥老师，解子光说黄家玥是真正爱学生的，黄家玥是用一种母爱的情感去爱学生的。解子光说黄家玥是"抱鸡婆"，活像一只护着小鸡仔的老母鸡。黄家玥曾经因为保护学生而受伤。她带学生去劳动，一扇门板倒下来，她快步上去顶住，心里就怕把学生砸伤，结果门板把黄家玥砸伤了，她伤得比较重，后来还定了残疾。
>
> 这就是解子光非常认可的教育理念——爱学生。
>
> 因为校长解子光有这样的思想、这样的理念，他所倡导的、鼓励的、表彰的、赞赏的，在成都七中教师群体中形成了一种集体共识，七中教师也就培养和滋生出这些思想，这是解子光教育思想的影响。

成都七中高58级3班学生，世界防灾减灾最高奖——联合国灾害防御奖获得者王昂生，在他回忆解子光的文章中写道：

> 成都七中的老校长解子光先生离我们而去已一年了，他对成都七中和成都教育事业的贡献，将永远铭记在人们心中。而七中是我攀登之路的起点，我永远难忘故乡恩、母校情。我的攀登之路就是从四川成都开始的。
>
> 从我1939年来到这个世界，到1958年赴北京上大学，故乡四川的山山水水养育了我。在蓉十九年，从成都实验幼稚园、成都实验小学到成都七中，祖国、故乡、母校给了我美好的人生目标、坚强的意志、优异的学业和健康的身体。
>
> 1956年祖国大地吹响了"向科学进军"的号令。当时任成都七中学生会主席的我，被解子光校长派去出席成都市政协大会。会议上，我代表全市"三好学生"，表达全市几十万青少年响应党的号召，决心"向科学进军"的志向。在灯火辉煌的会议大厅里，我第一次面对成都父老和媒体，激昂慷慨地发言："共产主义就是苏维埃加电气化，所以我要做一名电机工程师，为祖国电气化事业奋斗一生。"还说了些什么也记不住了，总之，表达了我们要"向科学进军"。最后，引诗人田间的一首诗作为结尾。但这一庄严的誓言，的的确确把我引上了攀登科学高峰的崎岖之路。
>
> 人生的悲惨和幸运，往往是在短短的一瞬间决定的。
>
> 我至今保存着我1958年的成都七中毕业证书，八开大小的彩色证书的正面是毕业证书和我的黑白相片，背面是毕业成绩单。这是一张决定我一生命运的明证。背面成绩单上一共是十一门功

课的成绩：九门是五分，政治和操行两门原来是四分，后改为五分，并加盖了解子光的校长印。

在那个年代，政治和操行两门功课的分数不是按考试成绩打分的。它是依据出身、家庭，再加一点"个人表现"来打分的。根据当时政策，我的出身、家庭最多打三分，加上一点"个人表现"，打了四分，这已是班主任鲁老师的极大关照了。但是，那时的规定是：不论你考试成绩多好，政治和操行两门功课的分数只有为五分才能升全国最好的大学，四分可以升较好大学，三分可以升较差的本科或大专，两分是不能升学的。所以，"解老板"——当时我们学生给解子光校长的绰号——复查的时候发现了，他很生气地说道："像王昂生这样的'全五分'学生、成都市的'三好学生'、七中学生会主席都得不了五分，还有谁能得？"于是才有了这张值得纪念的毕业证书。

四十年后，我为中国赢得了世界防灾减灾最高奖——联合国灾害防御奖。

老校长走了，但五十多年前的往事却还历历目前。追思"解老板"对成都七中和成都市教育事业的贡献，我们永远难忘他那慈祥的面貌、执着的追求、为教育献身的精神。今天，成都七中跻身于中华名校之列，解子光老校长是功不可没的。

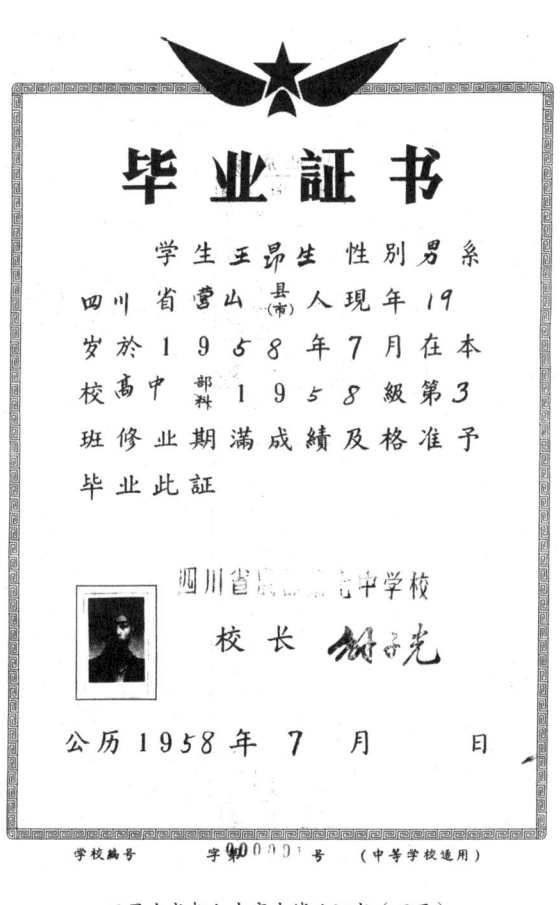

王昂生成都七中高中毕业证书（正面）

毕业成绩	
科目	成绩
语文	5
代数	5
几何	5
三角	5
物理	5
化学	5
中国近代史	5
俄语	5
政治	优
体育	5
操行	优

王昂生成都七中高中毕业证书（背面）

第四章 辨得义利因无私

寻求真相，宽容待生

教育过程中人文关怀不可或缺，而支撑化雨春风的，是治事严谨、公正严明的处事智慧。高61级3班的李兆祥追忆道：

那是高一结束的时候，我回崇庆县老家度暑假。临近开学，我一回成都，老妈就着急地说："你们班同学来过，说让你回来马上去学校，班主任有急事找你。"第二天一大早，我在学校教师宿舍见到蔡仲明老师，才知道某同学于暑假到人民南路新华书店偷书，被当场捉获，写了检查，署名"李兆祥"。我一听，血冲脑顶，破口大骂，弄得蔡老师脸蛋绯红。我说为人不做亏心事，我敢去质证。蔡老师鼓励我说："去，弄个明白。"于是，我气咻咻地跑步前往。

在新华书店，我碰巧问到一位三十来岁的女店员，她说前几天有一个学生，偷了五分钱一本的《汉语拼音方案》，是她抓的现行！

我说："你看看，是不是我？"我又递上学生证。

她对着照片，上下打量，大吃一惊，说："不是不是，是另外一个人。怪了，走，去二楼见保卫科长，他经办这件事。"

保卫科长欧阳文书接待了我，说："你来得太及时了，今天下午我就要把材料转到公安局去。这会影响你的'政治生命'的，马上去七中，把事情弄清楚。"

到了学校，众人为准备开学忙得不可开交。解校长听完欧阳的话，立刻请秘书杨春仙老师通知全体行政人员到校长室，并要杨老师把高61级五个男生班的档案抱来。大家一本一本地翻，欧阳一个一个地看，没见偷书者的照片。

解校长问："这个年级的抱完没有？"杨老师答："还有团委会、学生会的没抱过来，不会是这些学生吧？"

解校长一脸严肃，说："话不能这么说，现在调查，可以怀疑一切。"

杨老师又抱来一摞，没翻几本，欧阳指着照片，兴奋地说："就是他！"

我一看，是同年级不同班的一位同学。我与他同在学生会宣传部，一起办黑板报。

解校长说："李兆祥，你捍卫了自己的政治声誉，精神可嘉。放下包袱，认真学习吧。这个学生性质恶劣，一偷窃，二嫁祸于人。但人非圣人，孰能无过；过而能改，善莫大焉。学生嘛，重在教育，他也须吸取教训。但此事不足为外人道哉。"

蔡老师同我走出校长室，她舒了口大气，说："终于水落石出，你清白了，我放心了。"

"文化大革命"初期，我在春熙路南段陆羽春茶叶店门前，看见署有这位同学姓名的大字报，才知道他高考升学没受到影响。

这次同解校长"亲密接触"，"水落石出"一事，我感激解校长的办事认真负责，不怕麻烦，一丝不苟；这位同学后来升学无虞，我佩服解校长关爱学生，重在教育，治病救人，不一棍子打死的做法。

志道则不言利，不耻恶衣恶食

孔子说："士志于道，而耻恶衣恶食者，未足与议也。"关于解子光简朴的生活、清廉的作风，陈祥玉老师讲了这样一个故事。

有一次，解校长找了她们几个青年教师到他办公室去开谈心会。解校长的办公室面积约十平方米，中间放了一张旧的老式办公桌，桌上堆满了书籍和报纸。靠窗户的墙放了一张小床，床靠墙的那边全放的是书，进门的边上放了两把木座椅。

她们见办公室门开着，便走进去想帮他整理一下办公室。

桌上的东西她们一点都不敢动，怕给解校长添乱。办公桌下放了不少杂志和杂物，陈祥玉蹲下去想稍微帮他把杂志理顺一下，发现桌下的杂志上放了一个饭碗，地上还放了一个酱油瓶……

陈祥玉的眼眶顿时湿润了。解校长去食堂打饭的时间经常都比较晚，有时菜没有多少了，就刮点"巴盆盆"的菜，饭也是凉的，就用酱油拌饭吃。

"这是我亲眼所见。"她说。

曾是七中教师，后来调去成都市教育局工作的王淑君老师，她和解子光既做过同事也做过上下级，她谈起解子光来更生动：

> 解子光确实是一生扑在工作上的，这是很多人肯定了的。我对他最了解的是啥？那会儿我跟佘万福两个人在档案室守档案，他的办公室就在我们的宿舍旁边。
>
> "文化大革命"前，他每天早晨六点就到办公室去，一整天

直到晚自习过后才回到寝室。我们住在那儿，就能很清楚地了解他，他的三顿饭都在食堂吃。

他确实跟一般人不一样，很克己，比如说七中教师宿舍建好了，专门给他分了一套房子，那个时候他准备调去市教育局，但还没离开七中。大家说他应该分这个房子。这个宿舍楼是用解子光在七中任上申请到的建教师宿舍的钱建起来的。他不要，随便咋个劝说他应该在七中分一套房子，他都坚决不要。

后来他调到教育局去了，他就一直住在教育局的值班室里头，办公室天天都有人要去处理各种事情，怎么住得下去呢？他说就在值班室里铺个床就是了。

我们那会儿晚上都要轮流去值班室值班，知道他就住在值班室。我那个时候已经调到市教育局人事处了，这是我亲眼所见。那会儿教育局的房子相当紧张，需要分住房的职工也比较多，局里的干部没有一个去跟群众争房子的，都分给下头的职工。我想说的是，解子光他在生活上一点要求都没有。

成都七中物理老师龚廉光曾这样回忆解子光：

为了高考复习的需要，1978年初我作为教研组副组长找解校长支持物理组编一本高考复习资料，他欣然同意，表示大力支持，但提出一个要求，这是为学生服务，不许赚一分钱。

物理组老师齐动员分工合作，在成都军区印刷厂印了五千册书。印刷成本为每本四角九分五厘，请示解校长，以每本五角的价格卖给学生。每个作者的稿酬为十本书。这本书当时成了全省的抢手货，一书难求。

之后解校长给我说,你们这个事办得好,既解决了学生的需求也锻炼了教师队伍。要趁机抓好教研组建设,这是学校建设的基础。

国之大义,重于泰山

成都七中这所令莘莘学子魂牵梦萦的学校,她的精神是什么?何为校魂?1985年,在成都七中八十周年校庆那天,初67级学生曾新一从解校长身上找到了答案。

曾新一说:

记得那一天,我和班上的王卫卫、林幸西、周学力等同学在中心花台照相后,驱车到机场路上的一家宾馆聚会。我乘坐的是外班同学的车,刚下车一眼看到解校长从旁边的车下来,我赶紧跑上去扶住他。

解校长慈祥地笑着对我说,看见你们朝气蓬勃真高兴,但58级的高中同学没有你们幸运。我知道他指的是王昂生、张兴栋等人之事。

解校长接着说:"中国太需要新的教育理念和思想了!"说到此处,他一脚踏虚,一个趔趄,我赶紧用全力扶住老校长,他叹了一口气说:"我身体不行了,医生要我装心脏支架。我问医生装支架后能有多少年寿命,医生的回答是十年左右。"

解校长话锋一转,对我说:"装支架是拖累,我决不装支架,继续完成我革新教育理念和教学法的工作。国之大义,重于泰山！责任重大，义不容辞！"此话振聋发聩，如雷贯耳。

什么是七中精神？"国之大义，重于泰山，勇于担当，敢为人先！"这就是解校长用生命的最后时光和心血诠释的教育之魂、不朽的七中精神！

解校长中西合璧、包容共进的理念和思想影响了我的一生，使我在以后的教书育人中始终坚持"国之大义，重于泰山，勇于担当，敢为人先"的理念，像解校长那样，尽其所能，为国家培养人才。

感恩母校，感恩校长，感恩七中所有的老师！"国之大义，重于泰山，勇于担当，敢为人先"的七中精神已铸成我们心中的不朽之魂。

第五章

君子渊默不媚俗

古有明训：经师易得、人师难求。既为"师"，就应始终求索一个道德标准以自律，才会既传"经"，又育"人"。

——解子光

解子光学哲学出身，是一位哲人。

"力戒浮躁，极反媚俗"，是他的名言。坚守教育正道，有成绩不宣扬，遇委屈不辩解，是他的涵养。

"默而好深湛之思"，《汉书·扬雄传》中的这句话，是思考者的洞见。解子光一生对教育的思考甚多，但几乎没有文章公开发表。他辞世前嘱咐孩子们，必将他所写几十万字的手稿销毁。其子回忆说，对父亲的嘱咐，"我们已执行，遗漏的只是残页断章，故此次撰写《不当教书匠，要做教育家》，我们不能提供他本人所著的手稿"。

解子光一生都是静默的耕耘者。

而真正的精神深度往往显现于静默之中，如同宇宙黑洞般，以其巨大的引力场重构着周围的意义空间。君子的沉默是以无言的震荡去参与世界的精神建构，是在静默中完成对真理的守护与传递。

沉默坚韧，淡视浮沉

解子光在时代的巨变中经历过许多人生坎坷，但他把人生沉浮看得很淡。七中老教师王淑君回忆说：

> 到了"文化大革命"后期，解子光已经没有校长职务了，他就在七中的油印室刻钢板。

这时有一批学生要搬到龙泉山的分校去，要给学生弄点油印的东西，他从校长位置上下来后，就一直专门在油印室刻钢板，跟白体仁一起刻钢板。

解校长他字写得好，钢板刻得好。那一段时间他就一直刻钢板，从来没有怨言，我们没听到过他有啥子意见和抱怨。

他是学哲学的，他学老庄，学儒释道。他内心很散淡，不管挨批斗还是被撤职，他从来没有想过要放弃，他思想上根本不在乎这些东西。

在解子光的追思会上，校友吴晓鸣讲述了她去拜访暮年时的解校长的经历，抒发了她内心的感慨：

那是大年初三的下午，阴冷的成都终于出了点"烘烘"太阳。到了解校长家，给我的震撼实在不小：房屋没有装修，没有空调，没有任何其他取暖设备。一张床上，三分之一是书，三分之一是被子，三分之一是睡觉的地方。

他谈起"文化大革命"中的事情，谈起我弟弟来看和他关在一起的母亲张玉如，说弟弟不认识"拘留室"的"拘"字，念的"狗留室"。那一刻，我已眼含热泪，他却仿佛在讲述一本小说，或是吟诵一首诗歌，十分淡定地回忆着曾经的经历……

解校长的透彻、深刻、淡泊、不偏不倚；他的思维能力、表述的严谨、对事物始终坚持辩证法、对教育事业的热爱、对学生脱俗的评价；他对切大头菜的同学绝不歧视，对加长凯迪拉克和奥拓车一视同仁；他既冷峻又激扬的思想，他的博学多才，还有他的无私，他对校志组同学再三强调要做奉献……这都是我们今天怀念他老人家的理由。

解校长，虽然已经走向天堂，却给我们留下丰蕴人生；虽然音容不在，他的精神却如指路明灯，他的思想和饱含哲理的话语，让我们受益终身。于是，我们今天用高山、用苍松来纪念他，我们把五彩缤纷的康乃馨献给他，用我们真诚的灵魂，来向他致敬！

朴实育人，淡泊明志

解子光思想深邃、为人淡泊，他将"三好"的朴素期许作为育人根基，在七中践行着自己的教育哲学。高66级刘仁清在《认识解子光——在解子光校长逝世一周年追思会上的发言》中，这样写道：

> 解校长在开学典礼上赠送给新生们三句话：进了七中，要做的是"身体好，学习好，将来工作好"。
>
> 其实，我们这些刚刚考入七中的年轻学生，个个都心雄万丈，不少人心底深处怀揣的是剑指北大、清华这些名校的目标；而且以为，只要学习好了，尤其是学好数理化，就一定能够凭借七中这个台阶，跃入龙门，走遍天下。
>
> 其实，当时谁也不明白解校长"三好"赠语所蕴含的深意。只有经历了许多风雨，迈过无数坎坷，或许才有可能发现解子光校长对我们当时这些年轻学子所寄托的期许。那就是，经历七中的教育，把自己琢磨成一个身体健康，心智健全，学习勤奋，将来能够踏实做事、认真做人的有血有肉的普通社会公民。

我以为，解校长的"三好"赠语能够表达他的教育思想和教育理念。他没有夸大中学基础教育的作用，更没有把七中视作培养精英的专业园地。这与时下某些教育观念有违，但七中的成功、七中学人的成长，往往得益于这平实无华的"三好"教育。

七中是中学名校，也是大学名校的重要生源地。然而，七中教育强调的是"全面发展"；"启迪有方"更被历代七中师者和学人奉为圭臬。现在回想起来，解校长在我们入学伊始，其实就已经用这个"三好"赠语，告诉了我们应该怎样去设计自己未来的生活目标和人生道路。

在高66级，我所在的班是幸运的。因为有那么一段短暂的时光，解校长曾以校长的身份做过我们的副班主任；并且，其间还为我班上过约二十个课时的政治课，专讲毛泽东的《实践论》。从大的方面讲，这个行动的目的是为开展教学改革而躬亲实践，做点调查研究；从小的方面看，能有机会放下一校之长的事务，重执教鞭，对于一个钟情于教育事业的人来讲，我想，他私底下一定是心怀喜悦的。

他的教学风格很特别，教授方法也与众不同。他不搞"满堂灌"，每堂课至少有一半时间让学生自己去读书；还要求我们备上红蓝两色笔，教我们在读书时学会用特别的符号在书上做些相关批注或写下心得。

可见，他其实已经在注意让学生读书时不仅要注重知识积累，更要知道掌握读书的方法。这一点，我直到三十五岁以后才有所醒悟：人生有限，知识无涯。若不重视方法的掌握，将有限的生命用于对无涯的占有，那后果恐怕不单是蜕变为"书蠹""书橱"而已！

解校长睿智而机敏，知识面也宽，谈锋犀利而又不失幽默。加上他的讲授深入浅出，听他的课真是一种享受，自然受到我们这帮涉世不深的青年学生的欢迎。

解子光校长以他哲学思想者的情怀与坚韧，挺过了"文化大革命"风潮的冲击。就在我们这届滞留七中时间最长的学生走出校门、走向社会后的十年，解子光校长又重新任职于七中。而后不久，他即成了成都市教育局局长。

默守正道，教魂坚定

在每一个时期，解子光始终惦念着教书育人。在特殊年代，他既努力顺应形势，又尽力坚守教育正道，一心关注教学，想方设法提升教学质量。他的内心深处有一种精神的定力，默默守护着自己的教育理想。

在成都七中语文教师刘隆惠的记忆中，凡是有新教师到七中来，解校长一定是一个一个亲自谈话。刘隆惠刚到七中时住在教师宿舍三楼，解校长走上楼来找她谈心，他有心脏病，所以站在三楼楼梯口大口喘气。

后来谈话时，解校长一开始就对刘隆惠说，"不要当教书匠，要做教育家"。

那时候刘隆惠很年轻，她说她不太懂这句话的含义。

对解子光，她们一开始都喊他"解校长"，后来喊他"老解"，也有人喊他"解老把子"，怎么喊他都答应。

刘隆惠说，"文化大革命"后期，七中在龙泉山的山泉分校的负责人是余森,而解子光是"不是负责人的负责人"。那个时候七中的军宣队、工宣队把他派到龙泉山上去,他没有职务。解子光这个人没有一点"官架子"。

刘隆惠到七中的第一年,教高三的一个女生班。因为这个班的老师调走了,差个女班主任。学校叫她直接去教高三,一下子就把她吓到了,因为那个时候刘隆惠才刚刚从学校毕业。

解子光知道后对刘隆惠说:"你先去听白敦仁的课,不着急,慢慢学。"

刘隆惠开始坚决不干,她认为她才出学校就去教高三,不敢!解子光说他要来听课,这就使刘隆惠更紧张了。解子光这样对她说:"学校现在有困难,缺老师,你帮学校解决困难。"最后刘隆惠是被解校长鼓舞,硬着头皮去教高三的。

所有青年教师的课,解子光都要去听,他点评的时候都十分强调知识点。

躬耕墨池,烛照无声

解子光的风范与品格,滋养着每一位曾与他共事、受他教诲的人。与解子光共事多年的七中老职工钟光映回忆说:

> 对解子光,我的总看法是这样的,解子光他虽然口头上没有说"淡泊以明志,宁静以致远"这句话,但他就有这样一个风度,就有这样一个人格。他没有任何职称,他教了一辈子书,搞了一辈子教育,没有评过职称。解子光确实有淡泊以明志的精

神，用这种精神来形容他毫不为过。

他也没有说过"春蚕到死丝方尽，蜡炬成灰泪始干"这句话，但他有这种精神，这种精神是传递给我们了的。

作为成县中的学生，"墨池精神"是所有老校友都深深记得的。特别是由成县中第四任校长龚向农先生作词的校歌，不但解校长记得，我们都记得。成县中的学生组织同学会，给同学会取名的时候，最后一致同意叫"墨池同学会"，各个年级、各个班的同学都认可"墨池精神"。

我们这批成县中老校友是在七中1985年八十周年校庆后陆续联系上的，联系上以后我们成立了成县中同学的"墨池校友会"，主要是初中62班到66班，有一百多人，现在人不多了。

"墨池校友会"聚会的时候，每次都要唱这首老校歌。解子光、白敦仁，都唱，还有龚读絜给我们拉手风琴伴奏。我们在百花潭公园一起唱这首老校歌，那是1990年的时候，我们全都是垂暮之年了。

说起七中，扬雄洗墨池、龚向农先生的校歌、墨池图书馆……太多值得回忆的人和物了。2002年解子光八十大寿，我们五十多个退休老师，在中和场一个叫"逸仙苑"的农家乐给他祝寿，退休老师都想念他。

记得1966年，一次开七中的行政干部会、支委会时，解子光的冠心病犯了，我们才晓得他有心脏病。很多年后，在他去世前几年，他买了两台制氧机，还坚持到学校来写校志。有一次他坚持要在空军招待所招待写百年校志的一行人，请大家吃抄手，他说教育局给他发了2000元补贴。你看看，校长请学生，年纪大的老年人请年轻的，长辈请后辈，而且一律以校友相称！

钟光映说到这里，就拿出他悼念解子光校长的诗，念道：

> 锦城传噩耗，解老驾西天。
> 忍诀沉吟去，遂游碧绿间。
> 磨桥留鸿影，传道有遗篇。
> 难忘数年情，如梦泪潸潸。

诗的末尾，钟光映写有注释：解子光老校长于2010年8月5日逝世，享年八十八岁。

第六章

老来犹抱赤子心

我们为母校写一本百年校志，成都七中应该有一本在历史上留得住的校志！否则，我们愧对七中百年风雨历史，愧对七中各届先贤师长，也愧对七中后来诸君！

——解子光

孟子说:"大人者,不失其赤子之心者也。"

我们常说"不忘初心",真正的初心有若赤子。解子光一生热爱教育,热爱学校,不斤斤于一得之利,不执着于一孔之见,而能够保全自然无伪的本色。

主持编纂百年校志

1983年,解子光退休了,从成都市教育局局长任上。

退休后,他并没有闲散在家,怡然自得地养老。他去了几所教育学院,给年轻的教师们授课,讲"教育学""教育心理学""逻辑学"。他享受在讲台上授课的时光,他享受与学生在一起交流时思维的碰撞。

1984年至1994年,解子光参与编纂《成都市志·教育志》,任副主编。

2003年4月,时任成都七中校长王志坚,请七中校友会出面邀请不同年级校友参加座谈会,就七中百年校庆活动撰写成都七中百年校史、成都七中百年校志等问题,开展第一次讨论。

在这个小型校友座谈会上,老校长解子光来了。

解子光不但来了,还带来了他关于七中建校一百周年纪念活动方方面面的思考,不但提出了他的诸多思考和详细建议,他还给成都七中校友会写了一封长信。这封信很长,全手写,在三百字标准的稿笺纸上写得密密麻麻,两个小格子挤进三个字,内容详尽,逻辑严密。

在后来的成都七中百年校志编写过程中,大家多次见到解子光这种书写方式,慢慢了解了老校长这样书写背后的逻辑和用心。

解子光这封信的落款没有用"成都七中原校长"或"成都市教育局原局长"这样的职务头衔,而是"校友解子光"。

这封信是这样写的:

母校校友会:

　　出席4月10日座谈会后,想了几天。拟对"策划"如何纪念母校一百周年校庆活动问题,提出一点建议。对"策划"诸多层面、诸多方面中之一小部分的建议。请参考之进言,有三;三之中,又重在第二。现敬奉达诸君,倘不妥,此亦乞正之。

校友 解子光 上
2003年4月15日

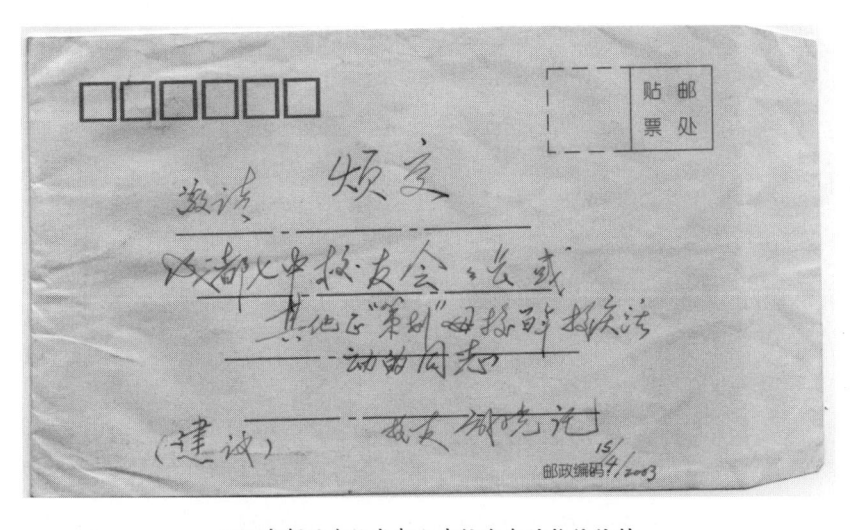

2003年解子光给成都七中校友会的长信信封

解子光在信中提出三点意见（节录）：

第一，关于是否有母校"精神"？倘有，是什么？如何表述？

情之所依、感之又弥多，校友每多欲得此"精神"字句；我，亦力求多年矣。反复推敲多年，总惑：应"有"，却似"无"。应有、定有而何以又"似无"？无在于难以剥出，亦难于用语言表述也。故：此"愿"宜保留，待所有"百年校庆"之各文献资料出后，再细审、深究之，看能否"出来"。但总希望那时"有"乎。

理由：一个教育集体，经过多年薪火相传，遂无形间有种校风、学风所凝成的一种得以相互影响"个性心理品质"的"东西"；此"东西"，可以称曰"精神"，如"北大精神""黄埔精神"，等等。它是一种"传统"，一种颇稳定的"为学""为人"的风气，一种陶冶"人"之品格的重要因素。它之"形成"，必须三个因素：（1）办学者（"书院"之"山长"，新式学校之"校长"）的学识、人格魅力和特有的"教育思想"；（2）相当长一段时间，教师中"为学""为人"均优秀者既多，又与学生中之英才们和谐共处，以治学修身为己任；（3）一定的社会、政治、经济背景和某种历史之必然呼唤。以予之见，中国近现代史中，陶行知的"育才"、蔡元培之"北大"，甚至晚清张之洞之"尊经书院"等堪算有"精神"可表述，至于"南开""金女大"等，均有特色、有丰功、有学术风气等，可有"精神"别出，然而也似等而下之了。即以真"北大精神"说，蔡元培之"教育思想"与"为人"是一流，又加上"五四""一二·九"两个决定中国社会变革之"运动"，可"当之无愧"了。（"德赛两先生"之请应属五四运动，不专属北大）然而，近五十年来，是否尚有"北大精神"，尚令人质疑焉。

其次，母校确有"过人之处""特色""优良教风与学风"，否则何以在市、省，甚至全国能"有名"？甚至某些"亮点"，"名实"是"相副"的；可是，难点仍存。一百年来的"办学者"有十来人，有"学识""德行"及"教育思想"者有，但似尚难举其特色，又有实践成果者不多。民国时之吴照华（吴炜），我之后的杨、戴、王诸君，也有些史事可稽；至于我，纵有若干才识、若干教育思想，也饱受政治干扰之痛，二十五年多在"位"，真正实践"理想"去"育人"者不足三分之一年！总之，还难说。再者，母校属"基础教育"，又属公立、官办，倘要究出其"特"也，更难矣哉！果有"特""良"的，定在有意无意之波涛与灰尘中湮去。故：需责以专人十余，经数十次之专题探讨，再历多次增删，或可得之。但，时间非一二年可成。是以，当前不宜也。

第二，关于"百年校史""校志"或其他"集"问题。

总的，是必须要编写出。应必具、必显于2005年4月之校友及在校师生之前者为何？既"必要"，但因1950年至1966年之档案被焚，其他年代之资料亦不丰，有的尚缺，怎办？我建议如此：用众手成"志"之法，谨遵"史德"，分段纪略，附以编年大事记；再广集校友之文，精选其二三，编辑成册，以烘托出其论学、育人之百年迹痕。换言之，力求能出上、下二卷的小册子。

2003年6月5日晚上，成都七中再次召开校友理事会，主要议题是讨论为成都七中一百年历史撰写一本百年校志或百年校史。

时任校长王志坚欢迎各级校友参会并贡献智慧。校友会会长、高56级校友、四川大学沈际洪教授讲述百年校庆的意义和相关活动，然后请老校长解子光给大家上课。

解子光向大家介绍了什么是"史"、什么是"志"，在详细讲了"史"和"志"的区别后，他说："成都七中没有一部自己的校志，应该通过百年校庆这个机会，编纂一本鉴往知今的校志。可惜1950年到1966年的档案在1967年的'8·10'事件中烧毁了，缺乏原始资料，不能成'志'啊！"

他说："我们只能通过变通方法，开讨论会，尽量收集资料，写一部七中百年校史。因为写'志'全靠资料说话，七中不具备这个条件了，老天爷让四次大火光顾七中，七中和火神有缘啊！"

深深叹了一口气后，解子光说："我建议：一，写大事记、编年史，用白描手法，寓褒贬于其中；二，编写师生回忆文章，用文艺手法，烘托百年兴衰……"

这次会议给大家留下很深印象的是解子光所讲到的"志"与"史"的区别。

他是这样讲述的：

> 写"志"，心理要平和，记叙一定要实事求是，且不能带个人感情色彩。所写的东西不能凭记忆，只能凭档案，对无档案可查又必须入志的大事件，应当找当时处于事件"中心"且能从不同角度观察事件或是持有不同观点的人（至少三人）一起共同回忆、研究，达成一致意见后，方可入志。"孤证"不取。
>
> 而写历史则可以有个人的感情，但对真实的人和事，在还可

找到更清楚、更明白的材料时，一定要多多考证，切不可由着自己的感觉乱发挥，更不能凭想象和推测。

解校长对着一群不明白"史""志"区别的校友，细致而严谨地讲着如何写"史"，所有人的思路就往"七中百年校史"和"回忆录"写作的方向走，开始思考"七中校史"怎么写了。

这个时候，谁也没有料到的事情发生了。

钟光映老师的一席话改变了解校长和在座的同学们的想法。

钟老师不徐不疾地说道："七中1949年前的资料有一部分，'文化大革命'前的资料也有一部分，那是在'文化大革命'初期转移到龙泉驿石经寺的，那个时候石经寺是成都市档案馆的临时档案保存处。我当时是党支部组织委员，代理党支部秘书和行政秘书，又是转业军人，上级就通知我悄悄转移这些档案。老解你不知道这件事情，是我用教育局派来的吉普车拉起走的，很多档案都在。"

解子光立马瞪大了高度近视的眼睛，他不大的眼里闪烁着喜悦的光芒，好像考古学家突然发现了珍贵的文物宝藏。一位八十多岁的老人，因为他以为已经缺失的档案不期然地失而复得，他的兴奋、他的激动、他的欣喜，给在座所有校友留下了深刻的印象。

解子光在向钟光映反复确定七中的原始档案都还存在后，既严肃又充满激情地告诉大家："可以写'志'了！我们为母校写一本百年校志，成都七中应该有一本在历史上留得住的校志！否则，我们愧对七中百年风雨历史，愧对七中各届先贤师长，也愧对七中后来诸君！"

校友们也激动起来，立马报名：解校长，不要操心人手问题，我们来参与写校志。

20世纪40年代毕业的成县中老校友钟光映、高61级的林文询、初68级的吴晓鸣、高74级的周渝霞等纷纷表态，愿义务参与撰写成都七中校志。后来加入成都七中校志编写组的还有高58级朱正，高61级杨琪、徐黎明和王相铭，高77级姚伟驹；学校的教师刘福全和石家骏也陆续加入了进来。

由各级校友和老师十余人组成的成都七中百年校志编写小组成立了。解子光担任成都七中校志编写工作室总顾问，实际上，很多具体的工作都是他亲力亲为。

2003年6月24日，王志坚校长和校友会正式召开第一次编撰工作会，解子光拿出一份题为《我的建议——〈成都七中百年史略〉或〈成都七中校志〉的第一次编撰工作会议时发言稿》。下面是原文节录：

> （三）是"史"还是"志"？个人建议：力争为有较高水平（深思之"度"加"文采"）之"概述"的"志"。编写"校史"或"校志"均各有其"难"与其"优"处。
>
> 为什么"盛世修志"而不"修史"？"众手成志"较易于大史家之写"史"也。各省、市、县、校均有"志"矣，为什么无省、市之"史"乎？"志"现代定义为"资料性科学著作"；中国传统为编年之"鉴"，多以（此）即为"志"，而"纪事本末"体及"史"反相对少些。个人极欣赏"史"，惜乎时间与人力不足。倘吾人用足才能，是可以编出名为"志"，又兼有其他之功能的。现编一"校志"之材料基本够了（那"专刊"即可充分使用）；倘于明年春末，开几次"小型学术研究七中发展轨迹"之会，再托之二三人，拟成概述、修改三次，我看足矣！

成都市地方志稿纸

我的建议
——《成都七中百年史略》或《成都七中校志》的第一次
编撰工作会议时发言稿

原初中40班、高中第9班 毕业校友
解子光 2003年5月24日

（一）恳母校党、政领导班子急将此工作任务列入"例会"议程。

① 各校应修校志"是1985年市教育市委文教口正或下达之"任务"，石室、树德学校已完成任务，而七中因之原因未在档、戴西校长任期内未完成。

② 母校百年校庆将到，海内外校友瞩目，省内外兄弟校关心，届时倘无此资料性文献出，恐难副众望。而时间急迫，"放手之难成志"。
宜以原编"90周年校庆专刊"之法（当时"编委"9人）而具体领导之。（当前有利条件也多：校友主动热投者"有人"；资料相当"足矣"；有原"专刊"之基础。）

（二）成立临时组织机构，即日开展紧张、有序、严谨之每日工作。

建议：可否设想这么一个"方案"？（参此在岚筹校"记志"）

"领导小组"：组长1人，王校长；组员：现在任之副校长、主任、党总支、工会、教师代表，校友会主席（理事长），本《志》主编等，顾问：杨、戴、解三人。（关键时方开会）

"编辑部"：主编1人，秘书2人；撰稿：最多9人，其中可选为副主编3人。（实际修志者人）

解子光在成都七中校志第一次编撰工作会议时的发言稿（局部）

其"主体"部分"横排竖写",标明"章""节""目",按时间序精选、妥摘"资料",不加任何"太史公曰","因事系人","寓理于事中";因为"资料性",核实之原材料、原数字为据,故可供后人查考、参照也。另外,其"志"体可有"人物志"("生不列传")以选点代表人物"立传",可有"名录"以括其余;又可有"表""图""大事记""杂记"等"体例"可采行。当否,请诸君定之。

……

据个人修志浅薄的体会,除有关一些体例、术语已在前(二)(三)(四)中提到外,有以下几点需思考:

(1)"指导思想"与"方法论"方面的问题,是否以下列各点为当?

a. 根据辩证唯物史观、中共中央文件(如《关于建国以来党的若干历史问题的决议》)、国家有关教育工作的方针、政策之文件(如党及政府尚在执行之文件)来指导我们修志、史之全过程工作。

b. 我们这"资料性之科学著作"不是个人著述,基本上属"官修"。且在"修""撰"中应记住是在作"专业志",是"学校教育"之校志、校史;因而又要注意"教育"之发展规律性、内在逻辑之关联性(如教育思想、教学论等之间外受历史、政治、经济之制约,内受彼此"工作"之间的互动影响),所以又必须注意"教育理论""教育方针、政策"等方面的官方文件和一些必阅之参考工具书。处理好"学术性"与"政策性"关系。

c. 以"求实"精神以见我们之"史德""史才""史笔"。

在广搜、博采、泛阅"资料"（文献、档案、原件、"口碑"等）后之"选材""下笔直书""寓褒贬于叙事中"等时，始终不忘者为：一，科学分析；二，核实求是。我们非其他"地方志"，无多少"保密原则"；但它是公开之"出版物"（哪怕仅为"内部出版物"），纵使为"志体"，选材、写过渡句、编排等时，均谨严求实为宜。

（2）体例、编目、"上志节之资料"记述等方面的原则及具体方法问题，是否可要注意以下各点？

我们均是本着热爱母校之情，无功利之心、非职责之求而来此！以义务、公益事业性质来发挥余热的实干家。为尽力避免工作之"走弯路"，宜多考虑详今略古。这既是一般修志的原则，又符合成都七中历史发展之逻辑。

a. 七中历史一百年，而新中国以中共十一届三中全会为界，路线、方针政策、政治经济、社会结构、价值观念等，又实可分为两"时期"也。而母校之建校发展史，亦如杨礼同志所云，我亦确认宜分为"三段"。一脉相承，万不可割断历史；又更不可不看之量与质的变化！

b. 重在"殊"，亦不忘"共"。一校之"志"或"史"，着力点在于能"梳理"史实，挖出"殊"者、"特"者、"优"者；但对全国、省市、兄弟学校之"共处"，亦要有"底"，大至社会政治经济等之"变"，小至"基础教育"的兴衰、走向诸般"背境"也要"心中有数"。这样"取材""为文"，"通"且"顺"。考之历史，我们母校，论受灾、遭难，说奋发、进取，讲成绩显著等皆确有其"殊"，宜浓墨重彩而写之也。

c. 通过讨论，集体智慧出"框架"，尽可能及时进入"角色",避免盲目"读"已有、已见之"资料"。所以,前边建议本年七月要有"第一稿:提纲"也。"撰稿""选材""记索引卡"等"实战"工作,皆是"单独作战"。进入"角色"、找到"感觉",才会迅速地、较准地"抓"到浩如烟海的档案中的"资料",记下"索引卡"(编其原卷号码、页数),以使"纂"而成文时之比较、取舍。为此,我前边建议要"经常"半月或每周要集体会商一次。你我这种本不是搞史、志专业的,又未触及"原始"材料的人,在初始阶段,特别需要。

d. 其他几点:

"横排竖写",即按已揭示"事件"内在逻辑关联之"章""节""目"框架内,"写""编"时,是以时间先后次序排出"资料"的。表时间之"年""月",一律以"公元××年"称之;必要时,仍宜用括号注明"清光绪××年""清宣统××年""民国××年"。

其次,各"节""目""子目"中,有"资料",又属"重要"的、本校"特殊"的可多,实"缺""不详""难判定属实"者,则可"略"之,甚至"不记"之;不必各"节""目"之字数相等。再次,有的"资料"实无法入"目",弃之又可惜,经主编同意可入"杂记"中。

最后,党内外之事,要分;因特别"人事"问题,历史条件因素所限,有的,不利于团结、不利于人际关系,不宜,也无必要摘档、入志。

历经六百多天,大家在解子光带领下,逐字逐句推敲、斟酌,手写与打印并举,钢笔与电脑齐上,手写稿、打印稿加起来有一人多高,仅仅高61级校友杨琪就用掉了四十多支笔芯。

终于,《成都七中校志(1905—2005)》付印,一部约八十万字的皇皇巨著带着油墨的芳香,包裹着从清朝末年到21世纪之初的风雨阳光、坎坷而不屈服的历史印痕,为母校成都七中献礼,一干编纂者长长地舒了一口气。

谈到解子光,参加校志编纂工作的校友们感触最深的,是他无私的奉献精神、高度的历史责任感、精确的记忆、严密的逻辑性、辩证的思维,和他老人家对母校深深的爱恋。

"2005级特班"

参与编纂成都七中百年校志的同学们仿佛是一个班级的同学,因为校志,他们又在成都七中校园里读了两年书。他们的"班主任"是解子光;他们上课的科目有哲学、政治学、历史学、文字学、教育学、心理学、教育史和史志学,外加宗教学;他们要完成的作业是八十余万字的《成都七中校志(1905—2005)》;他们毕业的日期是2005年4月12日。

但"班主任"解子光并不自认为自己是大家的老师。校志组的姚伟驹是高77级学生,他在《成都七中校志(1905—2005)》即将付印的时候写了一段回忆,因为解子光校长一直在同学们面前自称他是大家的"师兄",姚伟驹就自称"师弟",又因为姚伟驹是校志组年龄最小的,他就在"师弟"前面加一"幺"字,即"幺师弟"。按此逻辑,解子光就成了姚伟驹笔下的"老师兄"。

这个"班"在成都七中的学籍中是找不到的,这个"班"被校志

解子光审阅校志稿件

编写组的同学们戏称为"2005级特班"。全班同学都认为,虽然这个班没有学籍,没有文凭,但这个临时的特别班级的所有学生,都在解子光校长身上再一次学到了很多东西,这些东西无法用成绩、分数、文凭来衡量,那是有形的知识、无形的人格,那是人生的理念、生命的意义,这些东西让同学们终生受用。

这个校志编写组特班的同学在将近两年的时间里,深刻领会了解子光校长性格里的"顽固"——

每次校志编写组的同学将一摞摞稿件送给他老人家审阅时,解子光总是会表现出他对打印纸和复印纸的抵触。他若干次气愤地说:"你们这简直是浪费,浪费!我们以前用的纸比这种纸薄多了,还要两面写。你们这是接受的现代垃圾文化,现代化的纸'梆重',浪费资源,浪费森林,你们把树子砍光了,把人家印度尼西亚的树子都砍光了。"听到这一席话,同学们一下就理解了解校长为什么会在一张

第六章 老来犹抱赤子心 137

三百字标准的稿笺纸上密密麻麻写上五百余字，会在两个格子里挤进去三个字，会在两行里面塞进三行字。

除了固执，解子光"悲观主义"和"乐观主义"的二元性格也让同学们领略了他的辩证法——

当同学们士气高涨，不知拦路虎在哪里时，解校长就会"打击"他们说："对于按期写出成都七中百年校志，我只抱百分之四十的希望。"

当同学们束手无策完全没有自信时，解校长又会鼓励说："写得不错，你们都不是搞史志学的，都是外行，能迅速进入角色，很好！"

他们还近距离了解了解子光校长的严谨认真——

解校长把他参与编纂的《成都市志·教育志》拿来给编写组同学做样本。

在每个同学交给解校长审阅的校志初稿上，解校长不但用蝇头小楷洋洋洒洒批上历史背景、意义、经过，还细致到注明"正文与附录的字号要有区别""附录要退后两格打印"，还有某位老师的名字写错了，等等。

到《成都七中校志（1905—2005）》全稿杀青，这群非史志专业的校友的所有初稿，都交给解子光校长审阅，解校长两改两返，工作量之大可想而知。

这个时候，解子光是一位具有高度专业性、一丝不苟的资深高级编审。

从解子光对跨年级同学组成的编写组的评价，也可看到他严谨的作风和对所做事情心怀敬畏的态度，这样的态度正是七中"治学严谨"的传统的体现：

既非专业于师范，亦从未接触史志之学，但其所呈现的成果，大约可体现成都七中师生历来具有的"执事敬"之传统精神。

——《成都七中校志（1905—2005）》第904页

校志编写组的高72级同学周渝霞写了一篇题为《校志编写组：成都七中的"2005级特班"》的文章，这篇文章刊发在《成都七中校报》2005年第4期上。

周渝霞用抒情式的文字记录了她眼里的解子光老校长，也让我们看到老先生的睿智与幽默、严谨与执着：

历史会记住2003年6月的一天，学校的门口走进了十一位新的学员，他们带着对母校的拳拳之爱，带着对老师的崇敬心怀，他们举起的笔将记载七中百年的历史，记载七中人奋斗与艰辛的足迹，记载七中育人成才的百年辉煌与灿烂。

率先走进校门的解老——"2005级特班"的"班主任"兼"哲学教员"。从十二岁进入了七中，从校长到书记，从学生到教员，从教育家的理想到理性的教育实践，他走了那么长的路，承受非人的磨难，几起几落，显出思想的睿智与教育家的情怀，教师要成为教育家，是他坚定不移的办学信念。学生是祖国未来的栋梁，学校育人的责任大于天。

八十一岁的高龄呵，心未老身已衰，满桌的药品、书与猫陪着他的岁月，一块面包一杯茶水，是他修志的午餐，"笃笃"敲来的拐杖再一次敲响七中的土地，蹒跚的脚步再一次丈量七中的校园。解老用他的残烛之躯再一次燃起人生蜡烛，点亮七中沉重而又辉煌的百年。

是的，解老再一次举起了他的"教鞭"，把"2005级特班"的学生"赶进"了历史的深处，用哲学的思维去考量七中的昨天，用纪实的手法将学校的真实再现。从横排竖写到篇章节目，从选材用材到润笔标点，他一个章节一个章节地抠，一个段落一个段落地改，尊重历史、再现历史，建立七中的又一块"责任田"。

他时常举起那根"忧患"的教鞭，激励着修志的同学马不停蹄、七道工序"一锅煮"的同时，也激励着校方作出积极的"表演"。他还时常幸灾乐祸，"晓得了哇，志不好修"，那神情让人感觉这个老头既"刻薄又刁钻"。

他是赶着"2005级特班"的学生从夏天走到冬天，又从寒夜迎来七中百年的春天。是七中的历史把我们推到了百年的舞台；是你，是你把自己最后的笔墨作为礼物献给了成都七中的第一个百年。

初68级的吴晓鸣在《成都七中校志（1905—2005）》付印后，在与解子光校长近距离接触六百多天后，写了一篇文章，记录她眼里的解子光校长。

在这篇《印象解校长》中，吴晓鸣说，2004年春节，解校长给她打电话，让她去家里，他要详细地讲解成都七中的历史背景。

那是一个成都少有的艳阳天，她第一次走进解校长家。

陈旧的客厅里，高到天花板的书架简直就是一堵书墙，解校长的卧室可称之为书库。一张旧式写字台上，百分之八十的面积被厚厚薄薄的书"盘踞"着，仅有一个角上散乱地放着本子与笔，本子下面依稀看得到桌子的颜色。一堵墙下堆着的书有半人高。床上靠墙那边从头到脚也是书，被子散乱地堆在床上。

吴晓鸣正惊诧于这种生活环境，只见被子开始蠕动，随着"喵喵"声，一只大白猫从解校长的被子中钻了出来。

看到猫，解校长平素睿智犀利的眼神变得温情脉脉起来，他充满感情地告诉吴晓鸣，自从老伴去世后，他就一直与这只大白猫相依为命。

相依为命，与一只猫！面对老校长，吴晓鸣一时无语，而眼眶湿润了。

解子光的家里没有空调，没有其他取暖器，站在没有装修过的水泥地上，一股股冷气从脚下往上蹿。而身患严重冠心病、肺心病的八十多岁的解子光，逐一给吴晓鸣讲述1950年至1979年间的重要人物、重点事件、重要背景，吴晓鸣唯一能做的就是发挥她当了十几年记者的长处，一个劲地记录，生怕漏掉解子光的只言片语。

工作谈完了，解子光与吴晓鸣摆起了"老龙门阵"。他说，七中老三届同学下乡的时候，他的女儿也下乡，她是四中老三届的。当时，解子光还被关在七中的"牛棚"里。解子光向工宣队请假，想去送送女儿，但被拒。后经工宣队同意，女儿到七中"牛棚"探望。解校长的女儿看见他的头发太长了，找了一把剪刀来，给他剪了长发，父女以此相别。

吴晓鸣回忆道：

> 解校长说到这里，我的鼻子已经发酸了，眼泪在眼眶里打转。但解校长仿佛只是聊起一篇他曾经阅读过的小说，小说中的主人公与他无关。
>
> 人生沧桑在解校长的脸上已经化为平静，是经历了惊涛骇浪

后的波澜不惊，是阅尽人间悲欢离合后的安宁平和，是读遍儒释之后又读老庄的散淡，是"要沉得住气，风雨来临，大将风度不变""泰山压顶色不变"的真实注脚。

解校长晚年研究佛经，时不时地，他会冒出佛教的一些经典语词出来。

何谓"佛法"？何谓"佛教"？何谓"佛学"？我虔诚地向解校长请教。

解校长以他的方式解释说，"佛教"是宗教，是信仰，讲戒律，情感色彩重。"佛学"是理论与学术，研究佛教历史、文本，可以当教授，可以著书立说，可以谋生。"佛法"不带感情色彩，阅读佛经、佛论，是人生哲学，是境界。

解校长十分郑重地说，他研究的是"佛法"。

在认真而严肃地讲解了三者区别后的第三天，解校长又把我叫住："小吴，上次我忘了给你说一个最根本的区别，'佛教'是有神论，而我，绝对是无神论者！我不相信有如来佛，不相信有观世音。但佛经中有绝对严格的逻辑链条，讲感性思维到逻辑思维再到超逻辑思维。从自然科学到社会科学再到人生体验，最后讲一个'悟'字！"

这就是解校长的严谨，也是"2005级特班"同学"上课"的科目之一。

最后的冲刺：鞠躬尽瘁，死而后已

2003年，承担《成都七中校志（1905—2005）》编纂总顾问这一重任的解子光已是八十一岁高龄，在他人生的最后一个十年，因为对母校深深的爱恋，因为对教育执着的追求，老先生孱弱的身躯爆发出过人的力量，鞠躬尽瘁，全力以赴，向着成都七中历史上第一本校志顺利完成的目标，开始了他有力的冲刺。

高61级杨琪在《最后的冲刺——忆"编志"中的解老》一文中这样记述编纂校志时期的解子光：

> 再一次见到久别的解子光老校长，是在校志编写组的第一次会议上，只见一位行动已有些蹒跚的白发老者慢慢地走了过来，胸腔起伏着，发出不堪重负的喘息。
>
> 这，就是当年那声如洪钟、精力旺盛、令众多七中学子仰慕爱戴而又有几分敬畏的解子光校长吗？
>
> 眼前的解老，早已不是我记忆中的模样了。一丝悲凉的情绪袭上了我的心头，我们的老校长已垂垂老矣！只是，在他那写满沧桑的脸上，仍然还残存着我们所熟悉的坚毅的线条，鼻梁上架着的那副深色镜框的近视眼镜，也还是记忆中的那副模样。
>
> 时隔近半个世纪之后，能再一次在老校长的指导下为母校编写百年校志，被我们当作是一件荣幸的事，也是这位身兼七中校友与校长双重身份的八旬老人一个沉甸甸的人生愿望，也许，这就是他此生最后的一个愿望吧。

一年多的编撰工作中，随着与解老的近距离接触，我眼中那个病弱老人的表象已不复存在，我好像正一步步走进一个奇迹，一个超越自然、超越岁月的奇迹。

眼前的解老，与其病弱的身躯形成了强烈的反差，我又依稀见到了当年那个踌躇满志、诲人不倦的壮年师长。在那厚厚的镜片背后，有些肿胀的眼睑下，那双虽小却依然炯炯有神的眼睛，闪烁着坚毅而睿智的目光；那高高的聪慧的额头，泛着智者所特有的光泽；还有那一头灰白的如钢刷般傲然耸立的头发，总令人想起那驰骋在广袤草原上的骏马，勇猛而顽强。年过八旬、被严重的心肺疾患所困扰的解老，正竭尽全身心的力量，引领着他当年的弟子们一步步走进母校百年的风雨历程。

我惊异于解老清晰过人的头脑。虽年事已高，且时时被病魔缠绕，每次来到二楼我们的临时工作室，他都要喘息好一阵才能开口讲话；但他的思维之清晰敏捷，记忆之精确，对往事的剖析之透彻，实非常人所及。在编修校志这场"硬仗"中，他就像一位身经百战的将军，带领着一队初上"战场"的新兵，机智、顽强地去攻打一个个坚固的堡垒，在整个编写过程中，从最初的"启蒙教育"，到志稿的统筹布局，都尽在他的运筹帷幄之中。他教会我们如何在浩瀚的档案资料中撷取精华，用科学的方法将其编撰成一部资料性的科学著作。在他的指导下，我们这些从未参与过志书编修工作的门外汉，开始一步步接近了修志的边沿。一部百年志稿，处处闪烁着解老超常的智慧。

我惊异于解老顽强的毅力，和由此喷薄而出的过人精力。他讲起话来依旧声如洪钟，很难相信，那声音是从他那早已不堪重负的胸腔里发出的，听取他的谆谆教诲，犹如当年聆听老校长的讲演一般，令人深感其言简意赅、一语中的，而又不乏幽默与风趣。许多繁复难解的问题，经他稍加梳理，就变得异常清晰。对于我们写出的每一个章节，他都仔细地加以批改，从思想观点、时代背景、叙述尺度的把握，到字、词、句的表述，乃至于一个小小的标点的使用，他都要进行严格的审视批注，在我们写就的志稿上，留下了不少解老的点睛之笔。很难想象，眼睛高度近视加上老花的解老，是凭借着怎样顽强的毅力，才完成了如此繁重的工作啊！一部百年志稿，处处凝聚着解老的心血，在解老的身上，我深切地感受到了"鞠躬尽瘁，死而后已"这八个大字的分量。

我更折服于解老的人格魅力。他总是能激发起每一个人的自信心，调动起每一个人潜在的能力，达到"众手成志"的目的。

在与解老共事这一年多的日子里，从他适时的引导和一点一滴的鼓励之中，我们逐渐找回了自信，努力完成了编写任务。

解老一生推崇"爱"的教育，在我们这群他昔日的弟子身上，一如既往地倾注了无限博大的真爱。解老教育家的风范在这里体现得淋漓尽致。

在解老的带领下，仅仅用了不到两年的时间，这部八十万字的志稿终于在母校百年校庆的前夕得以成书，这里面，饱含了一位八十三岁老人毕生的心血。若不是怀着对七中最深厚的爱意和对他一生所从事的教育事业的殷切期望，一位风烛残年的八旬老人怎么能担当得起这副重任？

编志过程中，解老不时会因病卧床难起，但稍有好转，他又会拖着病体来到校志组，与大家一起讨论、切磋，甚至亲自参加某些章节的编写。他不止一次地对我们说：他的目标是能活到2005年4月12日七中百年校庆那一天。能亲手将这部百年校志献给母校的百年华诞,他也就再无牵挂,可以安心地离开这个世界了。

有理由相信,正是这种至高无上的爱的力量,支撑着他,拼尽最后的力气,全身心地投入编撰工作中,在与病魔的不断争斗中,一步步硬挺了过来。

第七章 斯人已去风范存

七中的精神长相中，也有解子光的影子。易国栋说，成都七中老校长解子光一直强调"不当教书匠，要做教育家"和"要以陶行知为楷模为教育去献身"的思想，直到今天这依旧是成都七中教职工的志向。

2010年8月，解子光辞世。

解子光生前说，他的魂在教育，在他的"妈校"七中。

在说起成都县立中学和成都七中的时候，他一直用的是"妈校"而非"母校"这个词。也许在他看来，"母校"只是对就读过的学校的通用称谓，"妈校"才能直接表达出自己对七中的热爱与依恋。他爱这所学校，爱得很深很动情。

对"妈校"的爱，实际上是对他一辈子所奉献的教育事业的爱。

而在师生们的心中，解子光早已不仅仅是一个名字。他举止从容，为人平易，处事干练，言谈简洁，极富学者风范，深受师生爱戴。他一生执着而又淡泊，严谨而又宽厚，从某种意义上讲，他成了许多教师、学生生命中的一个精神符号。

教育是我"生命之流"的"魂"

生命是一条河，其中流淌的、贯穿始终的精魂是什么？每个人的回答和追求都不同，有人为了追名逐利，随其波，逐其流，蝇营狗苟。解子光终其一生，只为了两个字——教育，他舍弃了曾经心向往之的小我之志，把自己生命最宝贵的时光都献给了成都七中和成都教育。

在《成都市志·教育志》的封三上，解子光写有一段文字，这段文字反映了他内心深处的思、想、愿：

本志在当"书虫"、作"学者"、搞哲学；其结果是一生都在"教育"！

教一辈子书，在"教育"中游，却无一"教师职称"！悲夫！

……

我的"魂"，何所归？

这里，有我"生命之流"的"魂"。

二十世纪二十年代末，入成都县立第一小学校；

1942年始离开成都县立中学（即今七中）去武汉大学；

1947年起又回成都，先后在四所中学作教师；

1950年至1980年，除有一年半在华西大学兼课外，一直在华阳县中、石室中学、母校七中作学校领导并兼教师。特别是在母校（成都县中）生活了整整又二十五年。

1979年至1983年在机关工作，还是"教育"；

1983年至1990年在几个教育学院教"逻辑学"与"教育原理"等课，作教师，还是"教育"；

二十世纪八十年代至九十年代参与省、市教育学会之"编辑"之类的事，又是"教育"（省学会学术专职副会长）；

1984年至1994年参与编、写、纂《教育志》书，还是"教育"。

悲夫，我的"魂"始终在"教育"，且就在这"成都"地方的"教育"中游！"魂"兮，归来乎？

解麟　2001年2月12日

"麟"是解子光的字。他在"自言自语"的文字下面，常常会以"解麟"落款。

在2003年7月16日下午，解子光写下：

真心真意、全身心"想"办好学校，不仅是"事业心"，且兼有爱母校之情。

信条是："教书不能当匠人，而要当教育家，作干部不得成俗吏！""没有爱则没有教育。""要博览群书、全面发展个性。""要出经验出人才。"

坚持"教学为中心""教师要博雅和敬业"，始终认为"教师要不断学业务"，提高"教育这门艺术"的"水平"，"自己任务之一就是阅读帮助教师之经验总结文章"。

提倡学生要兴趣广泛，"各种课外活动出人才"。

2010年8月5日，解子光校长因病去世。大家到他家里吊唁，在说起他晚年全情投入《成都七中校志（1905—2005）》的编纂工作时，他的儿子拿出解子光自己保存的那本校志，众人看到了老校长在扉页上题写的这几行字：

我这"生命之流"最后一次"默默之奉献"，竟在于此，天意也。

（八十一岁至八十三岁，近七百天，"生"之所趋，在于母校校志。难乎哉，编纂之笔乎。）

解麟　八十四岁时偶志之

一所学校的校长是教育的传播者、实践者、领导者和组织者，是学校教育的核心和关键，是学校牵一发而动全身的"命脉"，校长的教育思想、人品人格、知识体系，都会直接关系到这所学校的兴衰荣辱。

令公桃李满天下，何用堂前更种花。解子光的身上，有"大先生"的模样和风骨。翻阅他留下的手稿，字里行间呈现的学生观、教师观集中反映了解子光的教育思想。

之于学生，解子光说："考虑搞小型的（在优生中）有关文艺作品的讨论会、辩论会。学生自由组合的小小读书小组。研究航空、近代数学等爱好的各门学科。自己互相借书，我们找家长支持。""不要怕学生思路奇特，而怕无知。提倡学生发展兴趣爱好。敢说、敢想、敢干、敢创新。""主张有才能的自由广泛阅读，可以自由组织起来，甚至办什么化学小报、数学小墙报。不要什么都是由上而下布置的墙报比赛。""全校成绩排名在前列的各科，比赛在前列的，都要迅速而有创造性地宣传。张贴于校门，介绍其全面发展事实。因为年轻人不但要表彰，还要严格要求。"

解子光（前排中）和他的学生们

之于教师，解子光说："以忠诚党的教育事业堪称师表。作风正派，积极向上，要求进步，虚心教学，团结同志，律己从严，艰苦朴素。总之，能够以身作则，因而劳动态度必须是好的，必须热爱学生。那种见异思迁、怨天尤人、不学习、不上进的不能做教师。""中学教师担负培养人的任务，在文化科学知识上应是通人，古人所说的要求较高，但必须明确自己的职责。那就是要博览群书，泛读各种杂志报纸，浏览常识性的百科全书。否则自己除了一点中学本科教材知识（至多师范学校本科书本），如何为青少年的导师？如何启发学生渴求知识的欲望、向他们展示出人类丰富的精神境界呢？情操低劣、类乎动物以盖源于知识贫乏。青年如此，国家前途堪虑。而为人师表，做导师的人如此，则可悲矣。""体魄健康，勤奋学习而外至少必须口齿清楚，有严格的科学思维训练及严谨的科学表达能力，五官端正会用嗓子。有善于把热爱专业知识和热爱学生的情怀表达出来的能力。有一系列要驾驭课堂的技巧和组织学习（预习、课外阅读、课后作业、社会工作等）的能力。"

他尊重常识、尊重规律、尊重教师，能"把提倡全心全意为人民服务、忠诚教育事业、不计报酬的共产主义风格和必须坚持按劳分配原则结合起来"。在20世纪80年代历任校长的努力下，成都七中逐渐完善了基础工作量分配公平，超量教学获得物质奖励，创新成果享受学术表彰，师德典范授予终身荣誉的制度设计。这套兼顾多方诉求的制度，使七中当年教师流动率降至建校以来最低。

成都七中老校长解子光的教育思想深深地影响着成都七中。

解子光与他之后的成都七中

解子光，他的思想、他的人格魅力，促使着在他去世十四年以后，他的学生、他的同事、他的继任者、他的"妈校"，在成都七中建校一百二十周年之际，总结他的教育思想，赓续他的教育精神。

2025年初，校友刘国璋撰写了《何以七中，七中何为？——成都七中建校一百二十周年的诘问》，文中指出："成都七中在这座城市教育发展的历史上有着举足轻重的地位。""一百二十年的发展可谓成绩卓著、令人惊叹！为此，人们不禁要追问：何以七中？面对新时代，人们还要责问：七中何为？"

刘国璋说，从1905年"废科举，兴新学"，创办成都县立高等小学堂，到1907年改名成都县立中学，办学之初就提出的"酌古准今，阐扬学界；明体达用，陶铸国民"的办学思想，先贤扬雄"勤奋、审是、迁善、精深"的矢志向学精神，成为学校发展至今的"文化基因"。解子光在成都县中就读初中、高中共六年，学校薪火相传了他归结的"为学，要博雅而谨严""为人，要把持住义、利之辨""归到品格，则力戒浮躁，极反媚俗"三句话，这应该是学校治学育人的思想精髓。

刘国璋这样总结解子光校长在成都七中的教育思想和教育实践：

解子光校长在成都七中任职二十余年，坚持开展教学理论学习、教学方法研究，注重继承"教学相长""启发诱导""因材施教"的教育思想，强调"没有爱就没有教育"，落实"教育无小事"的要求，学校在教育教学管理、教师队伍建设、后勤服务保障各方面都取得了突出成绩，教育质量赢得了社会的普遍认可。尤其是在建设一支高素质的教师队伍、培养"严谨治学、勤奋求学"的优良校风上，持之以恒、坚持不懈的努力，为学校的长期持续发展打下了良好基础。

在我入职的新教师见面会上，解子光校长就明确提出："不当教书匠，要做教育家。"一开始就对七中教师的要求划定了底线、树立了标杆。学校始终以树立教师的职业理想为引领，以激发教师的职业成就感为动力，以提高教师的职业素养为目标，在具体方式上，就是严于要求的"夹磨"、敢于放手的"压担子"。

十年浩劫过后，学校教师队伍出现严重的青黄不接，面临极大的危机。解子光校长、叶乃需校长和杨礼副校长等学校领导，以"矢志重振七中"为目标，抓住拨乱反正的时机，鲜明地提出"磨刀不误砍柴工"，下大力气着手教师队伍的重建工作。

那个时候，成都七中首先恢复教研组，建立了集体研究教学的备课制度。在领导深入课堂听课的基础上，又组织教研组长和同科教师一起连续跟踪听评任课教师的课，每学期轮流进行，谓之曰"跟踪听课""开'转转会'"。听课之后，不仅评课，而且还要评人，有针对性地帮助教师改进课堂教学，提高教师素养。与此同时，学校大力推进教改实验，提倡教师"带题研修"，有目的地培养学科带头人。

现代学校教师工作的职业特点是个体劳动、集体成果、积累效应。任何一个学生都不是哪一个教师培养出来的，也不是在哪一个阶段培养出来的。

成都七中在教师队伍建设上，不仅强调发挥教师个体积极性，还要组织能打"团体仗"的教师集体，更要形成有共同理念且相向而行的"教育集体"。校长是教师队伍中的一员，校长更应该成为教师的带头人。校长对学校的领导管理，最重要的是教育思想的引领、办学理念的落实。这样才能使教师有一个共同的追求，同唱一个调、共育一群人。

解子光调离七中之后，1984年6月，经成都市教育局批准，成都七中实行校长负责制，由杨礼同志任校长。这一年，学校召开第一届教代会，提出"立足改革、锐意进取，为跻身全国先进行列而努力"的奋斗目标，开启了成都七中创建中华名校的新征程。

在杨礼的主持下，成都七中制订了学校的发展规划，确定"为社会主义建设培养各类高层次人才全面打好素质基础，培养有个性特长的、和谐发展的人"的定位，提出"继承传统、加强基础、学习引进、推动改革"的工作方针，强调"教育要致力培养人的整体素质，培养自主独立的个性品质，实现'主体化教育'"，并着力"使改革成果转化为常规性的东西，使之制度化、定型化、程序化、普遍化"。

1991年9月，戴高龄调任成都七中校长。戴高龄继承了历届校长的办学思路和工作模式，明确要"把学校办成实验性、示范性强，具有一流师资、一流管理、一流设施、一流质量，特色突出、市民信赖，在国内享有一定影响的著名重点中学"的目标。

经过几年的实践，在总结提炼前任校长办学思想的基础上，戴高龄于1994年提出了"着眼整体发展，立足个体成才，充分发挥学生主体作用"的"三体"教育模式。为实施"三体"教育，学校开展课程改革实验，形成了具有成都七中特色的课程结构。

经过杨、戴两位校长的接续努力，初步形成了成都七中的办学特色。明确了把为培养高层次人才打好素质基础作为学校的办学宗旨；制订了思想道德、精神品格、知识能力、体育锻炼、行为习惯等五个方面的基本素质培养目标；建立了以课堂教学为主，课堂教学与课外活动相结合、以必修课为主，必修课与选修课相结合的分类分层推进教学体制；制订了打好基础、培养能力、突出思路、精讲精练、文道结合的课堂教学基本要求；形成了以"做人"教育为基础、立志成才教育为主线的德育工作体系；建立了坚持激发教师个体活力与建设高度一致的教育集体相统一的教师管理机制。应该说，这是在继承解子光校长办学成果基础上的一次提升。

对此，解校长十分欣慰地感叹这是个好时代，特别是南方谈话后，开启了新的历史，杨、戴两位校长提出了自己的教育思想。

解子光（前排中）、杨礼（前排右三）、刘国璋（前排左三）、戴高龄（前排右二）、王志坚（后排左三）、刘国伟（后排右三）等于成都七中图书馆前留影

1998年6月，王志坚调任成都七中校长。王志坚提出"实现学校教育现代化，创办高质量、有特色、现代化的一流实验性示范学校，是成都七中教育改革和发展的核心目标"，坚持实践以"以人为本，重在发展"为核心的"三体"教育思想。王志坚明确指出，七中办学的追求是："让更多的学生能在学校得到最适宜、最充分的发展——学生成才；让更多的教师能在学校愉快地工作、成功地发展、体面地生活——教师成功；让学校在不断的探索和努力中，持续发展，做教育发展的领跑者——学校领先。"

2007年，刘国伟担任成都七中校长。刘国伟提出了"主体更加积极、整体更为和谐、个体更显特长"的"新三体"教育主张，制订并启动了"新课程改革和拔尖创新人才基础培养工程"，创办创新实验班9班。在此基础上又总结概括了成都七中办学的两大亮点："人文滋养"和"个性成长"。

2016年，易国栋接任成都七中校长，继承墨池文脉，总结七中传统，取扬雄《法言》之精髓，将"审是迁善，模范群伦"定为校训，提出"全球视野，中国脊梁"的培养目标。

在教师发展上，易国栋强调"学校最大的硬件是教师""校长的第一使命是促进教师的专业成长""建立保障教师专业成长的常规机制"；在办学特色上，突出优质特色发展的两个方面："拔尖创新人才的早期培养""数字化转型促进学校教育的变革和重塑"；在课程建设上，主导进行了"普通高中新课程新教材实施示范校建设"，总结形成了"升级科技创新教育课程体系"；在学生教育上，强调塑造"志存高远、气定神闲，追求卓越、意志坚强"的精神长相，把学校建成师生共同的精神家园。

何以七中，七中何为？

任何系统性的成功都有复杂的原因，但总有些原因是主要的和根本的。

何以七中？

刘国璋这样回答：

"审是迁善，模范群伦"是校训，是七中人为学修身的方法、做人做事的准则、矢志追求的目标。

"师高风正，启迪育人"是教师队伍的鲜明特色，教师以"不当教书匠，要做教育家"为目标，团队成为德高学深、博雅谨严、育人有方、崇尚合作的教育集体。

"学生主体，重在发展"是学校坚持以学生为中心，立足学生的个性成长，使不同类型的学生在校期间都能得到最好的发展。

"人文滋养，特色创新"是学校注重文化养校，以学校文化塑造师生的精神长相，把优质特色、创新引领作为办学的目标。

易国栋则以"精神长相"为关键词，对七中人的特质、七中人的精神风貌进行归纳：

人是有两副长相的，一副是父母遗传的人的生物长相，一副是由时间和经历塑造的精神长相。我们念过的书，做过的事，爱过的人,都在不断地塑造我们每个人的精神长相。

"无穷的远方,无数的人们,都和我有关",以天下为已任的使命感和责任感,做时代向上、向善的力量,坚定信念,追求真理,崇尚学术,崇尚团队,追求卓越,就是代代七中人的精神长相。

在成都七中高2018届学生的毕业典礼上,易国栋这样讲道:

同学们,知道这三年,老师们最自豪的是什么吗?老师们最自豪的不是你考上了怎样著名的大学,而是你的精神成长。一个人真正的资本,不是肤浅的美貌,也不是金钱,更不是考试的分数,而是人品出众,举止端庄,待人谦卑,谈吐优雅,是不会随着岁月变迁而消逝的"精神长相"。

毕业之际,请大家跟着易校长再朗诵一次我们耳熟能详的七中校园名言吧!"选择七中就选择了一条艰苦奋斗的成功之路";"你有多大能耐,七中给你多大舞台";"和声细语展高贵气质,谦恭礼让显优雅风度";"人文滋养,个性成长";"全球视野,中国脊梁"……

同学们,三年七中生活不仅给了你知识,更给了你思想的高度;三年七中生活,你拥有了敢担当、有作为、成为中国脊梁的精神力量。有了这种精神力量,不管这个世界多么功利和浮躁,我们都不会忘记为什么出发,都不会迷失前进的方向。有了这种精神力量,就有了栉风沐雨、披荆斩棘的能力,就有了一千次涅槃、一千零一次重生的能力。民族精神、人文情怀、科学素养、健康体魄,七中学子通过提升自己进而推动社会进步,不管何时，不管何地，不管什么职业，不管什么岗位，七中人都是这个社会、这个国家向上、向善的力量。

在2025年2月新学期的开学典礼上，易国栋系统阐述了"何以七中"：

何以七中？

一千个读者有一千个哈姆雷特。不同的人有不同的视角、不同的标准，也就有对七中不同的认识和评价。于是，就有了七中的自我形象，七中的同行形象，七中的社会形象，七中的行政形象，七中的学术形象……

七中的校友们说，七中的特质在于丰富的课外活动、高度重视学生的综合素质、尊重学生的个性、文化包容与多元、校园生活平凡而热烈……

七中的教师们说，七中的特质在于理念先进、尊重师生、务实高效、打"团体仗"、人文关怀、深度教研、精细管理、凝心聚力、榜样示范……

戴高龄老校长说，七中的特质在于有一支有理想并善于在团队中学习，在工作中不断提升自己、追求卓越的教师队伍。

王志坚老校长说，七中的特质在于七中的文化：七中文化铸就七中人积极向上的集体人格；七中文化体现在先进的教育理念和优秀的行为标准上；七中文化推动七中的可持续发展，七中文化是优秀的、发展的学校文化，具有时代性、民主性、科学性、实践性、共生性。七中文化让七中永远追求学生成才、教师成功、学校领先。

高新校区原执行校长、树德中学现党委书记胡霞说,七中的特质在于研究的常态化。研究让七中推陈出新,研究让七中超越经验,研究让七中出思想,研究让思想有高度。

林荫校区原执行校长、石室中学校现任长毛道生说,七中的特质在于七中和七中人的世界眼光、家国情怀、志存高远、自信自强、学术研究、变革创新、超人精神、团结协作、独立自主、博爱善良、开放包容。特别是七中有"超人精神",超人的意志和努力成就七中和七中的师生。

高新校区原执行校长、成都二中现任党委书记史玉川说,七中的"法宝"是文化和人的力量。

何以七中?教育专家们说七中的特质和"法宝"有很多,特别体现在:价值立校、文化养校、服务国家、开放包容、敢为人先、团队建设、深度教研、素养导向、多元成才、拔尖创新、整体和个体(漫灌和滴灌)、自主和自觉、规范和标准、境界和情怀……

七中的精神长相中,也有解子光的影子。易国栋说,成都七中老校长解子光一直强调"不当教书匠,要做教育家"和"要以陶行知为楷模为教育去献身"的思想,直到今天这依旧是成都七中教职工的志向。

而这种精神长相,植根于成都七中自扬雄迄今的深厚文脉之中。成都七中校训提炼者、成都七中原语文教师罗晓晖曾在百年校庆时写过一篇成都七中《校训解》:

"审是迁善,模范群伦",是为我校之校训,溯其发端于扬子。

视日月而知众星之蔑也,仰真理而知众说之小也,故为学为德,必审其是,必趋至善。世象纷纭,学说杂陈,若无"审是",必乖大道。扬子为学,宗仰孔孟,抉择诸子。于老子取其道德,而弃其"绝灭礼学";于庄子取其少欲,而弃其"荡而不法"。审是以求真,志道而明辨,由是而开我七中之学统也。

人非圣贤,孰能无过?学海无涯,孰能无惑?知过能改,有惑即解,是为"迁善"。人生不息,迁善不止,此君子日日新,又日新之义也。扬子实好斯文,不屑篆刻,默然好深湛之思,决然以迁善为务,由是而示我七中为学之法也。

修身以道,笃志向学,昂扬精进,自强不息,是我七中学子必由之途也。道德纯粹,学问渊博,模范群伦,奉献家国,是我七中学子必臻之境也。扬子久幽不改其操,博览无所不见,学究天人,超越荀孟,浩然见其正,渊然见其深,由是而立我七中学子为人之则也。

七中学子,为学为德,必以审是为本,以迁善为法,以模范群伦为鹄的。是我先贤之教诲,而为后进之法则也。此解既成,作颂以歌。其辞曰:

墨池烟润,桃李芬芳。

尔复我随,陟彼高冈。

志在青天,终能翱翔。

七中恒久,日月永光!

七中何为?

刘国璋这样建言:

以"教育家精神"为指引，锻造一支高素质专业化的教师队伍。

以"改革育人方式和办学模式"为抓手，推进教育数字化，实现高质量发展，努力建设新质学校。

以"内涵发展和精品学校"为重点，进一步发挥地区教育的引领作用。

最后，他深情地写道：

成都七中一百二十年的发展，为成都教育写下了光辉篇章。盛名之下，一定要更加谦卑知不足、淡定而不躁、努力重实干。祝愿在新的百年航程中，墨池曦园滋养人才辈出、七里（中）香花香飘神州世界！

"持身则正，治学则勤，执事则敬，战陈则勇"（张佐时）的人品，"力戒浮躁，极反媚俗"（解子光）的格调，"全球视野，中国脊梁"（易国栋）的格局……可以说，都是"审是迁善，模范群伦"的七中灵魂的具体写照。

初中、高中就读成都县中；1954年至1980年做七中领导兼教师，在七中工作、生活二十余年；2003年至2005年，组织编纂《成都七中校志（1905—2005）》。解子光人生的重要阶段几乎都与成都七中紧密相连。

一位中学校长的名字始终与一所中学相伴，可以说，像解子光这样如此深刻地影响一所学校发展的情况是比较罕见的，解子光与成都七中，几乎可以看作是一种现象。

是成都七中成就了解子光，还是解子光成就了成都七中？

对这个问题的回答尽可以见仁见智，但仔细想来，这个问题本身就包含着它的答案。

一颗种子能长成参天大树，除了土地、阳光、雨露，还要有深深扎在地下的根，有不屈不挠向上生长的向往，更要有迥异于他人的灵魂。

| 附录一 |

解子光简历[①]

解子光,又名解麟,祖籍天津,中共党员。

出生:成都,1922年7月27日。

学历:成都县立第一小学(毕业于1934年8月),成都县初中第40班(毕业于1938年12月),成都县中高中9班(毕业于1942年7月);国立武汉大学哲学系(1942年9月入学,毕业于1947年7月,被授予文学学士学位);北京教育行政学院(1955年9月至1956年7月,由中华人民共和国高教部颁发高等学校毕业证书)。

教历:内江大洲中学、成都县女中、成都志诚商业高级职业学校、立达中学、清华中学等校之英语老师(1947年9月至1949年12月);华西大学讲师(1950年8月至1951年12月);华阳县中教导员(1950年1月至1951年8月);石室中学副教导主任及副校长(1951年8月至1954年5月);成都市第七中学副校长、校长兼书记(1954年5月至1979年8月);成都市教育局副局长、局长(1979年8月至1983年

---

① 根据解子光手稿整理。

6月30日）；成都教育学院名誉院长（1983年7月至1989年11月）。

在七中校长及教育局局长任内，曾先后两次给成都师资训练班的语文教师上"逻辑学"课各一学期（1977年及1980年）；在四川省教育学院教"逻辑学"及"教育学原理"两门课，兼课共七年（1983年9月至1990年7月）。

社会活动任务经历：中国教育学会第一届理事，四川省教育学会研究会第一届副理事长，四川省教育学会副会长，《教育科学论坛》主编，成都市教育学会第一、二届理事长，四川省科技顾问团第一届顾问，成都市家庭教育研究会第一、二届副会长，四川省、成都市社科联各两届"科研成果评审员"（1982年至1992年）。被四川省广播教育学校聘为教员，编写及主编《教育学》《教育管理学》两门教材（1984年至1988年）。任《成都市志·教育志》副主编（1984年至1994年）。任四川省人代会第一届人大代表（1954年至1959年）、成都市人代会代表及市政协委员（约1981年后）。

奖惩经历：因右倾错误，1959年9月在成都市市委扩大会上受批判后，给予撤销支部书记处分，1961年甄别后又撤销处分。获中国教育学会之"优秀个人奖"（1987年）、成都市"先进工作者"称号、两次成都市"优秀党员奖"（均在局长任上）。

2010年8月5日，八十八岁高龄的解子光与世长辞。

| 附录二 |

成都七中
——与中国百年教育史同步的名校[①]

解子光 朱正/文

从1905年到2007年,成都七中已经经历了百余年的历史沧桑。作为一所地方公办学校,她与中国近现代教育发展同步,亲身体验了中国百年教育的兴衰演变、曲折反复和发展。走过了从"废科举,兴新学,办教育"的开端直到21世纪的今天,成为"中华名校"的全过程。

第一篇　1905年—1949年
在"废科举,兴新学"中诞生,在"民为邦本,科教救国"的道路上努力

1905年至1949年近半个世纪的岁月里,和成县中息息相关的一批

---

① 本文撰于2007年,有删节。

批优秀的校长、教师，笃信"民为邦本"的思想，力图摆脱当时的"政党政治"而致力于"国民政治"；信奉"教育救国"，并以"身教"引导学生勤学、求知、务实，报效国家，走富国强兵之路；摒弃"当官发财思想"，廉洁敬业、清贫自守；遵循思想自由之原则，对学术流派兼收并蓄。他们通过自己的努力，并仰仗地方有识之士的热情支持，使学校日益发展，逐步形成了自己的办学特色和风格，成为成都地区乃至全川有一定名气的学校，培养出了一大批优秀人才，包括当今中国科学院、工程院及第三世界科学院的九名院士、副院士（含中华人民共和国成立初期毕业的四名），都是这一时期在成县中受过良好教育的。正如成县中第九任校长张佐时所言："近年来斯文欲坠，唯我黉门巍立蜀中，先贤之风执犹存，老成之典型尚在，耆儒硕旧训教勤殷，故尚能雍容道义，跌宕文史出斯门者，持身则正，治学则勤，执事则敬，战陈则勇，海内明达莫不知之，教育部曾屡锡旌扬，然不察其所以得之之，方开匡时失以化成天下，吾侪其知，所以自勉矣。"

一、提出办学宗旨，完成兴新学任务

从鸦片战争到庚子之变，数十年间，伟大而古老的中国多次任人宰割，受尽欺凌，陷入绝境，沦为半殖民地、半封建社会。而与此同时，"抗击列强""救亡图存"的使命感也使无数有识之士为之奋起，提出"要救国，只有维新；要维新，只有学习外国""师夷长技以制夷"的思想。

1874年成都"尊经书院"创建，其办学方针、课程设置、学规、章程等，实为当时任四川提督学政的张之洞所拟定。张之洞提出"今欲强中国，存中学，则不得不讲西学"的观念，使"中学为体，西学

为用"成为19世纪90年代以来中国思想界的流行语。1897年前后，张之洞以朝廷重臣之名，又力主学子留学东洋，主要学习在日本流行的以德国教育家赫尔巴特的学说为代表的教育理论和经验。那种采用"班级授课制"，以教师、课堂、教材为中心（即"三中心"）的学校式教育形式，显然比传统书院只读经书的随意式的做法更有利于学习"西学"。

自打开向西方学习的大门起，一个知识结构和价值观念不同于传统士人的新型知识分子群体卓然而起。他们有忧患意识，初具放眼世界的思想，活跃在清末民初的社会舞台上，他们从政、从军、从教，维新、革命、救国，奋斗、流血、牺牲，前赴后继，英勇奋斗，成为推动中国社会前进的重要力量。

1905年，当清廷宣布在全国"废科举，兴新学"之际，成都以龚藩侯为首的一批缙绅、学者等社会贤达，将位于成都青龙街的芙蓉书院和墨池书院的一部分改建为"成都县立高等小学堂"，并在当年4月12日举办了开堂仪式。

当时，学堂学制为五年，虽然课程设置有含"新学"概念的天文、地舆、外交、商务、测算等，但由于学生大多是由"旧学"过渡来的年轻人，从总体看，仍属旧式学堂。1907年，学校呈请学部升为四年制中学，经考核批准，正式命名为"成都县中学堂"。那时的学堂面积近三十亩，碧水荡漾的洗墨池就占了三分之一，池边古木环绕，池上孔桥横跨，还有果木成林、花香宜人的东园，连续十年平均每年在校生不足百人，称得上是一所园林式学校。

最初阶段执掌学堂的校长是建校的主要投资者、县绅龚藩侯（在任一年余），之后是刘辛甫（在任十二年）、余苍逸（在任一年）；还有一支以龚向农、余苍逸、刘海元、文藻清、赵少咸、周鲁光、林思进、彭昌南、何联宾、胡骧等为骨干的教师队伍。他们有的是前清的举人、进士、翰林、国学大师，有的是留日回来的学者，有数位以后还担任了国立成都大学、国立成都高等师范学校（均为四川大学前身）等高等学校的校长、代理校长或系主任等。这是一群既崇尚孔孟大同理想和民贵君轻思想，又深谙张之洞等人"忍辱负重"向西方学习的精神真谛，赞同变法维新、信奉科教救国的优秀知识分子。他们中的许多人长期在成县中执教，努力完成了历史赋予的"兴教"任务。

1906年至1918年执掌成县中的刘辛甫，是尊经书院毕业的高才生、进士。他饱受维新变法思想熏陶，提出了"酌古准今，阐扬学界；明体达用，陶铸国民"的办学宗旨。

刘校长任职期间，"经营擘画规模大且图书仪器日臻充实"，学校逐渐具有了近代中学的意义，不仅在规模、设施上扩充了，并开始严格执行赫尔巴特的"三中心""五段式教学法"。此时，具有"新学"概念的课程也由五门扩充到九门，并把外语、算学、博物、物理、化学列为"实科"的主课。

二、"民主科学""爱国主义"与七中的校风和学风

1919年至1935年，五四运动以及日本侵占东北后又蓄意制造华北事件而引起的一二·九学生爱国运动，促使抗日救亡运动蓬勃发展，对学校教育产生了重大影响。五四运动高举民主与科学的大旗，促成了民族现代意识的觉醒和空前的思想解放。以探索中国社会改造和进步的出路为目的，面对大量涌入的西方现代教育思想，中国的教育实践者积极加以选择和吸取，掀起了第二次向西方学习的热潮。随着美国哲学家、教育家杜威来华讲学，以他为代表的现代派教育思想，

"儿童是太阳""学生是中心"的教育理念在中国广为流传。

蔡元培于1912年任南京临时政府教育总长时，发表《对于教育方针之意见》，认为"忠君与共和政体不合，尊孔与信教自由相违"，予以取消，颁布了教育宗旨："注重道德教育，以实利教育、军国民教育辅之，更以美感教育完成其道德。"以后，蔡元培又发表了一系列办教育的思想、办法、规定和纲领性意见，并明确民国的教育方针应包含"德智体美"四因素。他倡导教育要弘扬公平、正义、人道；要实现人、自然、社会三者间的和谐发展。其教育思想是国学与西方现代文明相结合的产物，蕴含着现代教育的精髓：教育的目的就在于造就具有"自由之意志，独立之人格"的民主社会的建设者，崇尚有尊严的多样性、有理想的包容性和健康心态的批判性。

成县中和全国各类公、私立学校一样，既要遵照不同历史时期、不同地方当局的教育宗旨，又要根据不同时空条件下的办学人及教师群体中的主流教育思想而采取不同或不完全相同的教育宗旨去办学育人。由于时局混乱，当政者顾不上过多地干预、控制学校事务，给了成县中创建自己的特色和风格的机会。

这一时期执掌成县中的校长是龚向农、裴亮中、周澧、吴照华。还有一支以周太玄、王伯宜、叶伯和、林如稷、庞石帚、胡助、胡卫予、陶亮生、陈孔昭、谭肇文、向楚、罗孟祯、李雅南等为骨干的教师队伍。他们中的一部分是毕业于北大、北师大、四川高等学堂的高才生（或高学历生），另一部分则是留日、留法的学者。他们大多师从于蔡元培、吴玉章、张澜等大师级教育家，受先进的教育思想培育、熏陶，既有深厚的国学功底，又有广博的现代科学知识，大都能较好地把传统教育的精髓与现代教育思想结合起来，拉近了教育和"民主与科学"的距离；有的已改变了灌输式的教学方法，努力服务于现实社会的需要，培养高素质的"抗日救国"的人才。

1919年5月至1924年9月任校长的龚向农，"提倡学术，广购图书，学风蒸蒸日上矣"，他已自觉或不自觉地开始把五四运动所倡导的"民主与科学"的思想引入学校。由他作词的校歌，一直沿用至1949年。

1924年9月至1925年9月裴亮中任校长。教育部于1925年夏颁布"初中三年制令"（即1922年以来在全国逐步推广开来的"6-3-3-4"新学制），成县中从初中十八班改行新制（初中由四年改为三年）。1925年9月至1928年2月，毕业于北京高等师范学校的周澧任校长期间，正值南京政府成立，要贯彻新的"党化教育"，后来又代之以"三民主义教育"的教育宗旨，《中学法》《中学规程》等陆续颁布。此阶段成都地区的学校正处在"新学"的发展期，因为地处西南，"中央"并未真正将四川"统一"起来，所以从办学宗旨到课程设置，各个学校的自由度比较大。周澧校长效法四川著名教育家张铮倡导的"持身谨严，办学认真，审时度势，当机立断""从高立法，从严要求""读好书，做好人"的办学思想，使当时有特权思想和陈腐陋习的少数师生得以"改邪归正"或"走人"，"谨严淳朴"的校风日渐形成，"校誉亦日以隆"。为活跃学术思想，他将学校在西城的菜地划出一块，用作师生的学术团体——"墨池学会"的活动场所。

1928年9月至1935年8月就任成县中校长的著名教育家吴照华，是成县中第一届优秀毕业生，以后又以优异的成绩毕业于四川高等学堂理科班。1930年，在成县中遭遇重大火灾，实验室、办公室、教室及学校二十五年藏书、仪器尽付一炬后的危难时刻，吴校长千方百计筹措资金，并得到同窗好友、爱国将领孙震的帮助，很快就使一座"比原来更大更美"的学校呈现在人们面前。新校园"设计合理，布局严整，建筑坚固，宁静幽美，墨池荡漾，绿柳依依，香花满园，芳草如茵"。

九一八事变以后，吴照华在校园内对师生作抗日宣传，并组织了一支两百余人的"学生救亡义勇军"，随即向上级要求增设军事课程，请教官进行军事教学、操练、野外演习和实弹射击，随时准备上战场。此举促成了政府在全川各中学正式开设军事课程并派遣教官。

1931年春，吴照华不失时机地决定招收高中理科一班，第二年又招收了理科第二班，并派人赴上海购置了整套理化仪器、博物标本及图书。不久又开办了高中女生部。至此，成县中已是一所拥有初、高中，学制各为三年的新学制的完全中学，改名为"成都县立中学校"。在校学生由火灾前的三百零五人增加至五百六十二人（分别以1928年至1931年、1931年至1934年两个时段的在校生人数为基准比较）。

吴照华崇尚科学、实业救国。开办高中理科班以后，理工科基础一直受到重视，成为学校保持至今的传统和特点，得到社会各界的认可和赞许。从那时开始，课程教学内容向高深方向发展，外语增设了英文文法、英语会话、英文图解、英文修辞及法文和德文等课程；数学、物理、化学等学科则常常选用国外原文教材的影印件。1934年，吴照华抓住"国难当头"的关键，顺应全校师生的爱国激情，制订了"国难教育纲领"，还向学生提出了"为学"与"做人"的更高要求。在20世纪30年代中期，他多次向学生推荐课外读物，第一本就是商务印书馆的《国耻小史》。

吴照华实施"网罗大家、思想自由、兼容并包"的办学原则，不少学界名流，德才兼备、成绩卓著的大家都经他聘请而来且大多长期执教于成县中。在1935年全国大学统考时，报考南京大学的成县中学生全部以优异成绩被录取，该校校长罗家伦致电吴照华校长以示祝贺。

三、陶行知、杜威的教育思想对七中的影响

全面抗战阶段，国家政治、军事、经济中心南迁，大学、中学和大量的知识分子、教育工作者也都云集重庆、成都。陶行知、晏阳初等一大批知名教育家带来了先进的教育理论、思想和方法，带来了办学的经验和新风尚，使四川地区的学校教育空前活跃。

这里应该特别提到我国伟大的人民教育家陶行知。作为杜威的学生，他一方面著文介绍杜威的教育思想，介绍西方的教育理论；另一方面也反对盲目"仪型他国"，提出要以科学方法进行教育改革和创新，为实现中国教育的普及化和近代化踏出一条新路。在新民主主义革命时期，陶先生站在教育岗位上，坚持反帝反封建，以教育革命紧密配合政治革命，其"生活教育"即是新民主主义革命教育的一个组成部分。他的理论和实践对那个时代以及后来的教育工作者有着不可磨灭的影响。

在抗日民族统一战线的历史时期，一二·九运动及陶行知等人的民主思想直接、间接地影响着成县中学校师生的教育实践。特别是学生，不少人在校外参与了抗日战争的社会活动。成县中的学生因此所学的知识，所提高的认识境界，已远远不是校内表面上的"成绩好"现象所能概括得了。

以优异成绩毕业于国立成都高等师范学校的校长孙少芝（1935年9月至1941年1月初在任），在"抗日救亡"日趋紧迫的情况下，比前任校长更多地强调了"纪律""服从"，加强了抗日救国的思想教育和军事训练，更加注重家长和学校的联系。教学效果和成绩有所提升，在全市操练比赛中也多次获得褒奖。1938年、1939年的全国大学统考，成县中参考学生的总平均分分别为第一名和第十名，成县中获得教育部颁发的"启迪有方"金字匾，在全国有了名气，被视为"优

良中学校"。

　　1939年9月,为避日寇轰炸,学校迁到成都西郊茶店子临时修建的简易校园中。1940年校庆时遭遇火灾后,迅速在郊区银桂桥重建了规模比茶店子的校园更大一些的简易校区。银桂桥新建的校区离城约八里路,是一片放干水后平整的田坝,一到雨天到处是泥泞。师生们住的是上下通风的草房,照明靠的是每人一个四寸高的小油灯。1941年1月到1946年2月任校长的张佐时,是国立北平师范大学的第一届教育学硕士生,已从教十六年,有丰富的教学经验。他上任后,在民族危亡催人奋起的时代潮流中,在学习和生活条件都很艰苦的环境中,更多地看到了师生对民主、科学、自由的强烈要求,对学校管理采取了"严格而不死板""宽松而不放任"的原则。学校三两人便可成立一个社团,白话文、英文的墙报、壁报遍布校园。

　　1942年1月及8月,学校又连续两次遭火灾,老师们就在这样清苦的条件下授业、解惑,表现出了高度的敬业精神。学生们则倍加努力,对学习毫不懈怠,更加明确对自己、对民族的责任,自尊、自重,在学会"做人"、学会"做学问"上奋进。那时的校友们都记得,大约在1944年到1945年,学校每隔一周请当时在川的全国知名的科学家、教授来校开一次讲座,讲"宇宙的成因""细胞、细菌""相对论""原子弹"等,及时的科普教育活动将一部分学生引入献身科学技术研究的殿堂。

四、在"反独裁""争取和平民主"中发展

　　抗日战争胜利后,不久就进入了第三次国内革命战争时期。国民党占领区物价飞涨,民不聊生,学潮四起。然而,由于成县中名声显赫,想进入这个学校的人仍然很多,每期报名者逾千。

到解放战争临近胜利,"国民教育制"崩溃,各级学校民主运动不断活跃,争取和平民主。成都市各校师生先后发起了"尊师""助学""争温饱"斗争活动,要求给师生配"平价米",最后发展到一些大中学学生罢课、罢教、请愿,游行活动此起彼伏。

成县中校长周开培和成县女中校长孙琪华更多地考虑了办学的"人本位"的问题。周开培1946年春刚上任,便"接受舆论建议,招自费班",并对确因家庭贫困不能入学者,免除全费,还酌情给予奖学金。孙琪华1944年上任后,为了将两个高中班扩招为六个班,在上级没有拨给经费的情况下,想办法缩紧开支,垫付扩班经费,还自己拿钱改善学生的伙食。因而在他们执掌学校期间,招收学生剧增,到1949年成县中在校生一千零八十六人,成县女中六百余人,分别达到那个时期的最高峰。

在"反独裁,争温饱"的学潮中,为了保护罢课的进步学生,他们采取悄悄"撕毁通知"、借故给学生"放假"等办法,来缓解事态的发展;对无法阻挡的游行示威活动,则精心组织教职工作出严密的安排,防止学生出问题;通过各种方法、手段使成都市西城区各大学、中学代表在成县中开会时,得到了有效保护,避免了反动军警的抓捕、迫害。为了给被兵痞奸污的成县女中学生讨回公道,孙琪华说服了学生不要自行其是,亲自出面以学校的名义向政府、社会有关单位申诉、求助,进行说理斗争,赢得了胜利,保护了学生利益。

第二篇　1949年10月—1979年9月
在曲折中求发展

　　1949年10月至1979年9月，社会主义革命和社会主义建设初期的三十年是计划经济时代，学校是在曲折中求发展的。作为学校教育，首先必须明确回答的问题有："培养什么样的人？""办什么样的学校？""怎样去办？又怎样去培养人？"，等等，都被赋予了新的含义而被重新提出来。其回答常常变化，让具体的办教育者迷惘困惑，游移难行。特别是1957年到"文化大革命"结束这二十来年中，往往随着"把阶级斗争扩大化和在经济建设上犯急躁冒进的错误"，对这些问题的诠释变化最大。学校教育发展上的反复、曲折，甚至是大跌宕，皆源于此。这种情况，到1978年12月党的十一届三中全会后，才得以改善。

　　1950年，军管会接管成县中，军代表之一是中共党员刘文范，他毕业于西北大学，曾以中学教师的身份在成都从事过多年地下工作。进校后不久，刘文范就被接连任命为副校长、校长。

　　1952年成县中（1950年与成县女中合并）改名为成都第七中学校，并被定为省重点中学之一。

　　中华人民共和国成立初期，全国进行了"镇反""思想改造"等一系列政治运动和抗美援朝运动。伴随着经济的恢复，从1953年又开始了以粮食统购统销为先行的"一化三改造"。也就是在这段时间，全国教育界掀起了学习苏联以凯洛夫之学说为代表的教育理论、经验的热潮。历史地看，当时学习、移植苏联的教育学对稳定中华人民共和国成立初期学校的教学秩序，提高教育质量，起了一定的推动作用。但与此同时，又开展了对唯心主义、胡适的实用主义的"批判"，"批判"中还提及了人民教育家陶行知。

以刘文范校长为代表的领导集体，在带领学校师生参加上述政治运动和进行爱国主义教育的同时，也积极投入学习苏联的教育学理论的热潮中，学校领导集体逐步明确了要以"依靠教师办好学校为指导思想，要调动他们主动地去学习的积极性"，从而在中华人民共和国成立最初的四年多的日子里，在恢复和稳定学校的教学秩序方面，在体现教育为政治服务、教学为社会需要服务方面，以及为在社会主义革命与社会主义建设时期如何办好学校方面，初步积累了正反两方面的经验，开始去探索提高教学质量的路子。在学习和应用教育学理论，提高教学、教育质量方面，进行了积极的实验，取得了初步成果。

1954年夏，成都七中从青龙街迁往新南门外磨子桥新校园。新校园的"硬件"在以后长达三十年的历史中，在成都所有中学里都堪称一流。

从1954年5月到1979年9月，成都七中的主要负责人是解子光。解子光是成县中20世纪30年代至40年代的学生，后毕业于武汉大学哲学系，1947年至1953年曾在成都多所中学任教，有实践经验，了解成都各中学校的基本概况。

从1954年到1979年这二十六年，是党政及一切领域最特殊的时期，这期间，基本上是解子光"书记""校长"一肩挑，正如他所言，在当时的政治形势下自己在办学中是"有贡献、有错误，有成功、有失败"。对于苏联的教育理论，学哲学的解子光深知其"操作性较强，理论性较差，教条性较强，辩证性较差"的特殊性，由于他既学习过赫尔巴特、杜威、蔡元培、陶行知、马卡连柯等人的教育理论，又受过西方哲学、心理学等学科的基础教育，因而总是偏重于去开展教学理论学习、教学方法研究，注重继承"教学相长""启发诱导""因材施教""没有爱就没有教育""教育中无小事"等教育思想遗产中的瑰宝，并借此团结了绝大部分老中青教师，使1954年至1957年成为成都七中稳定发展的阶段。

这一阶段里，1954年国家颁布了宪法；1956年党中央发出了"向科学进军"的号召，教育界出现了相对宽松的环境。成都七中的教师三年内学习与实践的课题是不断研究"教学过程"，并开始进行"五级记分""教室日志""教学向课外延伸"等试验及"文理分科大辩论"等等，取得了一些大的收获，总结了一些教师的个人经验。1956年，成都七中与全国各地学校一样，都开展了教师评优、晋级工作，大面积提高工资。学校从1955年就开始在学生中发展党员，学生学习热情空前高涨……校园里一派生机盎然！

1957年至1960年，由于进行"整风反右"、宣传"三面红旗"，搞"大跃进"以及颁布"教育必须为无产阶级政治服务，教育必须与生产劳动相结合"的"教育方针"，开始了一场"教育大革命"。学校打破常规搞勤工俭学、大办工厂、大办农场、大搞教学改革的群众运动，使教育出现了令人痛心的曲折。最典型的就是在教师中搞"反右""拔白旗""反右倾"，使有的教师受到不公正的待遇。

在一个接一个的政治运动掀起的大风大浪里，忽然，四川部分学校又出现"要雪耻""抓高三""抓升学率"等违反教育规律的"命令"。于是，又开始突击抓毕业班的"分数"，却伤了非毕业班的正常教学……经历了"教育大革命"和三年困难时期，直到1961年在"调整、巩固、充实、提高"八字方针的指导下，四川省委的《关于当前全日制中学（师范）工作的意见》（即四川省委的"十三条"）

和中央开始起草的《全日制中学暂行工作条例（草案）》才又给了学校在严密的计划经济条件下极为难得的局部的、有限的自主发展的空间。

这段时间，学校领导一方面尽可能地配合进驻学校的"工作组"抓"阶级斗争"；一方面更以"日常工作"为名，去大抓业务、抓教材的钻研，大搞"老带新""学业务""帮差生"等活动，并召开经验总结交流会等，培养了一批以后在教学上堪称骨干的教师。经历了曲折后的成都七中，于1962年至1965年，又迎来了稳步发展的"小阳春"，学校的教育工作又逐渐回到1957年前的水平，课堂与课外活动均回归正常。单以住校生、学校搭伙人数来看，都分别达到一千一百人和一千四百人左右，是当时各中学住校和搭伙人数最多的学校。另外，还奉命令兼办了一所性质特殊的"滑翔学校"。

1966年5月，"文化大革命"开始，8月，《关于无产阶级文化大革命的决定》（即"十六条"）提出"改造旧的教育制度，改革旧的教育方针和方法，是这场无产阶级文化大革命的一个极其重要的任务"；"在这场文化大革命中，必须彻底改变资产阶级知识分子统治我们学校的现象"。成都七中和中国大地上的任何一个教育单位一样，"停课闹革命"，1967年更发生一次因武斗产生的火灾，学校损失惨重。

虽然正如《关于建国以来党的若干历史问题的决议》所指出的，"文化大革命"不是也不可能是任何意义上的革命或社会进步。然而，在社会主义革命和社会主义建设事业中，"所取得的成就还是主要的"，事实证明，中华人民共和国成立后三十多年中，各个领域都是有成效的，受重灾的教育也是有成就的，成都七中同样如此，无论从教育的质抑或量上看，应该说这三十年比之前四十五年也是向前发展的，为国家民族培养人才，提高人民素质的基础工作是极有贡献的。哪怕这三十年是计划经济时期，从课程设置、教材，到教职工的人力资源的调配都是"统一的"，由上级有关部门决定的，更哪怕受"左"的干扰，甚至"文化大革命"的严重摧残，它就是不倒，它就是不垮，反而极有生命力地恢复过来，反而更加迅速地向前发展。其根源，就是成都七中的领导群体、教职工群体、学生群体坚持以教育为国家和民族发展进步的根本。

1975年邓小平抓"整顿"时，有关方面又让解子光、杨礼二人重新上任，所以到这个时候，学校各方面的工作都能迅速走上正轨，端正思想路线，增强团结，解决"心有余悸"的问题，抓组织教师队伍、"狠抓教学质量"的现象，又重新出现在校园里。1976年打倒"四人帮"以后，成都七中的党支部在上级未派工作组进校的情况下，妥善地完成了"清除派性""落实政策"等一系列拨乱反正的工作。

党的十一届三中全会刚结束，1978年12月31日至1979年1月1日，校长解子光用两天的时间，撰写了长达万言的《关于一九七九年上期工作的一些想法》，内容是思考面对教职员"矢志重振七中"的热情和"问题成堆，百端待理"的严峻局面，怎样才能集中大家的智慧，订好三年计划（1979年至1982年）和今后再订规划的问题。整个工作的着眼点是继续大抓教师队伍和教研组的建设；把"精心设计每节课"的口号变成拿得出成果的初期阶段的种种设想。领导集体给大家提出了九个方面的二十六个问题，让大家研究、讨论、思考。事实证明，这个计划使成都七中的教育教学工作又开始进入了一个科学的、稳中有序的发展阶段。

学校领导集体同心同德，团结一致，相互信任，配合默契，力排干扰，重振校风、教风、学风。明确了要迅速恢复抓教师队伍建设的传统，解决教师青黄不接的状况，狠抓骨干培养、党员发展、干部储备；紧接着，抓教学研究，学习当时刚出版的苏霍姆林斯基、赞可夫的相关书刊及布鲁纳的《教育过程》——他们的教育思想强调平等和尊重人，强调求异和培养个性，较之于赫尔巴特和凯洛夫的教育思想，更有生气，更不易僵化。在学生中解决好按成绩编"快、慢"班的问题，以吴富存、肖曼倩、黄家玥等为代表的一批优秀教育工作者，以"爱学生"的指导思想，恢复了对学生"敢管、管好、管细"的好传统，以高标准、严要求引导优秀学生。培养共青团、学生会干部的工作也扎实地开展了起来。

1977年恢复高考时，成都七中取得了较好的成果，在接下来的初中升高中"统考分配"时，成都市教育局首次将"高分段"学生大都给了成都七中，人数多达八个班。此时，成都七中被四川省教育厅确定为"首批要办好的重点中学"之一。抓住此机遇，学校千方百计先后争取到了专项拨款一百四十七万元，修复了被严重焚毁的办公楼和被损坏的两幢教学楼，建成了能容纳七十二户教职工的宿舍楼，新建了综合楼等，同时还对校园进行了拓展和绿化、美化，使学校的硬件设施也逐步得到了恢复，重现了昔日的风貌。

第三篇　1979年至今
在"教育要面向现代化、面向世界、面向未来"的思想指导下创新

改革开放以后，邓小平提出"教育要面向现代化、面向世界、面向未来"这一全新的现代教育思想，体现了将中国融入世界并与世界的历史、现实及未来紧密相连的现代思维方式，高度概括了当今社会

对教育的要求,揭示了教育自身发展的趋势,是中国教育改革和发展的战略指导方针,为办学指明了方向。

教育面向现代化是基础,是核心。教育必须不断改革和发展,必须博采众长,了解和吸收世界先进的科学技术和教育经验,必须及时预测和研究未来社会的发展,把握世界教育发展的趋势,研究世界教育理论前沿,从而使我国的教育能自立于世界教育之林,使我们的子孙后代能凭借其整体的优良素质主动参与日益激烈的国际竞争。教育面向世界、面向未来,既符合教育事业是具有前瞻性的事业,教育为国际经济和社会发展服务必须有超前意识和预见性等教育自身的特点,又要求办学必须有战略眼光,立足于中国,放眼世界,把近期目标和长远战略结合起来。

一、在改革、创新中求发展

历史进入了新时期,教育界迎来了春天,学校领导有了办学的自由度,教师有了学习世界先进教育理论和实践的自由空间,学生有了自由发展的广阔天地。七中人投入中国教育新的一次空前的学习热潮中,积极关注和学习世界教育理论前沿和新的思维方式、方法和手段,在学习、借鉴、选择、取舍、探索的基础上接受和创新,强化自己的优势,走自己的路,创自己的特色。他们抓住机遇,迎接挑战,敢为人先,以有史以来最为活跃、最为积极的态势,扎扎实实地开展工作,一步一个脚印,取得了长足的进步。

国家提出1977年至1985年教育要完成最初的恢复、调整与单项改革。从1980年开始,成都七中的历届校长叶乃需、杨礼、戴高龄、王志坚,都无一例外地在继承传统的基础上,稳步发展,保持了办学思想的连续性。叶乃需、杨礼在任时期,强化了校长、教导主任必须兼课，教师互相听课的制度，并将不定期的小型教育理论研讨会发展为定期召开的大型"教育理论研讨会"，进一步提高了教师的业务水平，保证了教学质量的稳步提高，为以后全方位的教学改革进行了探索和实践，打下了基础。杨礼给成都七中的定位是"为社会主义建设培养各类高层次人才全面打好素质基础，培养有个性特长的和谐发展的人"。这一时期，成都七中的办学宗旨从教育内涵、教育目标到教育技术和手段都有了一定的发展，因人施教，因势利导，分层推进，分类指导，尽可能实现教育的个性化，发展学生健康向上的个性品格和兴趣特长，力戒平均、平庸发展，激励、促进单科、单育冒尖；实现"主体性教育"，在教育过程中和方式上致力培养学生主动进取、自觉自立的品格品质，不断地激励学生的创造热情，促进成功。

进入20世纪90年代，教育工作者通过实践，认识到社会主义教育同其他教育一样，其政治功能与经济功能只是其文化功能的延伸，过分强调教育的政治色彩甚至将教育政治化，是一种误解；另外，应该看到社会主义教育与资本主义教育以及传统教育之间的联系，社会主义教育虽是全新的教育，但它又不是无本之木、无源之水，如果以割断它同过去的、外部的联系的方式来突出其独特性，只能走上自我封闭之路。

20世纪90年代初上任的戴高龄校长把成都七中新时期以来的办学经验总结为"着眼于整体发展，立足个体成才，充分发挥学生主体作用"的"三体"教育模式。这为"以做人教育为基础，以立志成才教育为主线"的德育工作体系的建立和完善提供了新的思路和突破口，使学校德育围绕不仅着眼于为高一级学校输送合格新生，而且重视把学生培养成爱国、勤奋、诚实、乐群、敬业、健康、富有创造精神和特长的青年一代的目标，走上了更加扎实的科学化的道路。

在实践"三体"教育取得丰硕成果的基础上,在建立了实施"三体"教育的课程体系的基础上,王志坚校长在2000—2005年的五年规划中,明确"三体"教育的精髓是"以人为本,重在发展",并引入"强化创新意识,培养创新精神,提高创新能力"的教育思想,追求卓越,争创一流。从而进一步明确成都七中的办学宗旨是"把七中办成现代化、高质量、有特色的,国内著名、国际知名的一流学校;成为教育改革实验校和素质教育示范校",强调中学素质教育的重点是要培养学生的创新精神和实践能力,最终目标是实现"人本位与社会本位相结合",要使成都七中的学生能成为"适应并促进社会经济进步与个性发展的和谐统一"的人。

在推进教育管理现代化的进程中,杨礼、戴高龄、王志坚三任校长在改革开放中,突出人文精神,以目标与成就去鼓舞人,以理想与追求去激励人,以人格与学识去感染人,以尊重与实干去带动人;切实做到以民主与法制为保证,以"强干发枝"的思想去经营学校,加快发展;以"固本培根"的思想去建设队伍,持续发展。

二、加强教学科研活动

在教育实践中学教育理论、进行教育科研是成都七中的传统,更是这二十多年成都七中教育教学活动的中心、重心。这一中心和重心工作,在质与量上都取得了空前成果。成都七中通过科研指导教育改革,在改革中求教学效益,通过效益去提高教育质量,去锻炼教师队伍;以教学科研为中心的全方位的积极探索和实践,经历了五个发展阶段,站稳了成都地区重点中学的领先地位:

一是恢复高考后,1980年开始的"课堂教学改革和实验"和"新教材使用的实验"。

二是1986年开始的"以课程改革为核心的整体改革实验"。

三是1991年开始的"以组合课程结构改革为特点的实验",主要是"适应学生差异性发展的教学体系研究"的实验。

四是1994年开始的"全校范围内的课程改革实验",重点是"进行主体性教学实验,规范选修课的开设,改革教学组织模式和管理,形成完善的适应学生个体差异性发展的课程结构体系和多层次教学组织模式"的改革实验。

五是1998年开始的"教学各个环节实施'三体'教育的探索与实践",集中于"探索现代课堂教学规律,培养学生的创新精神和创新素质,实现学生的差异性发展""富有特色的各科任选课、必选课、活动课等课程体系的教育""以有特色的'研究性学习'为主的探索性课程建议"等。并将改革成果转化为常规,规范为制度,逐步形成稳定的运行机制。

1980年恢复初高中各三年的学制以后,成都七中随即开始了新教材的引进和试用。首先是引进了根据美籍华裔数学家项武义教授提出的"关于中学实验数学教材的设想"而编写的《中学数学实验教材》(初中部分)和外语教材 *English This Way*,接着将这一做法拓展到了语文、政治等多门学科。

在分阶段(先班级后年级)进行课程结构改革实验时,将课程结构分为必修课、选修课、课外活动三大板块。选修课分为与必修课相关的、与必修课不直接相关的知识类和操作性技术类三种,多达二十一门;课外活动分为科学类、科技类、艺术类和社会活动类等等。选修课又分为学科加深、综合拓宽和兴趣爱好三大类。学科加深类有以培养特长生为对象的数、理、化、生、英、信息等竞赛课;综合拓宽类有"人与自然""环境与化学""文学鉴赏""心理学走近生活""经济数学"等二十余门课程；兴趣爱好类有"戏剧欣赏""英美文化简介""唐诗、宋词、元曲"等十余门课程。课外活动课包括科技活动、艺体活动、社团活动和社会实践活动，内容丰富多彩。此外还有在基础型课程和拓展型课程进行研究性学习的基础上，着重培养学生在实践和研究基础上创造性学习能力的活动，使学生在教师指导下从自然、社会和生活中选择和确定专题进行研究，并在研究过程中主动地获取知识、应用知识、解决问题。

继续深化对学生成长规律的研究，完善四大学生组织（校团委、学生会、学生科协、学生社团联合会）的建设，广辟学生成长空间和发展舞台，以丰富多彩的活动和多元化的评价实践等引导学生和谐健康、生动活泼地发展。在其他方面的改革还有：制订"课堂教学基本要求"规范教学活动；搞好教研组和备课组建设，把好教学质量关；班级教师集体建设；"老带新、熟带生"的结对活动；实行特长生"导师制"；实行学校、家长、学生"三位一体"的教育网络，应用现代教育技术，促进教育管理的现代化等。

王志坚校长强调要鼓励教师学习专业知识和教育科学理论，将学科竞赛和选修课竞赛形成制度。支持研究探索，扶持教师出成果。要求三十五岁以下的教师全面掌握现代化的教学方法和手段，强化干事业的氛围，还定期开设专家讲座，请院士作报告、请艺术家指导等，全面提高教师的素养。现在，成都七中拥有四名市级教育专家、十八名特级教师、二十三名学科带头人、八十六名高级教师以及十名硕士学位教师、多名硕士课程进修结业教师、二十多名高水平学科竞赛教练……是一支结构合理、开拓创新、敬业乐群、师德高尚的杰出的队伍。

三、加强校园文化建设

改革开放以来，成都七中的办学条件也在不断地改善。在总体建筑规划的基础上，完成了教学区、运动区、生活区三大板块的建设，有图书馆、实验楼、天文馆，有铺设着塑胶跑道的田径场、标准游泳池、体育馆等功能齐全的现代化教学建筑和设施。绿树成荫、花香鸟语的小园林是学子们课余时间流连忘返的去处，新建的艺术大楼又为校园增添了现代气息。

进入21世纪以来，学校增加了对校园文化的投入，严密、高效的组织机构保证了课外活动的顺利开展。选修课和活动课的开设，各类学生社团以及科技活动月、排球活动月、艺术活动月和话剧周等实践活动，给学生创造了交流信息、发展爱好和特长的环境。学校男子排球队曾代表中国参加世界青少年排球锦标赛亚洲预选赛；校管乐团多次参加国内外的演出，获得首届西安国际管乐节金奖，2002年暑假作为成都市文化小使者赴澳大利亚演出，2004年赴维也纳参加世界吹奏乐大赛（世界杯）并获铜奖……成都七中课外活动的研究成果和实践情况被录制成电视科教片多次在中国教育电视台播放。

成都七中在办学形式、规模方面又有了新的更快速的发展。除了办国际部、育才学校、实验学校（小学、初中、高中学生总数已近万人），还创办了成都七中东方闻道网校，已发展了五十八个成员学校和大批个体学员，在一定程度上减轻了目前中小学办学产业化带来的负面影响，体现了学校（教育部门）的公开、公平、公正性，在开发、利用教育资源方面，产生了巨大的社会效益。

突出的办学业绩，使成都七中被教育部确定为全国四所"国家级示范高中建设项目样板学校"之一，是教育部教改定点联系学校和"现代教育技术实验学校"。

最近这二十五年，成都七中又进入了一个辉煌的时期。一批批朝气蓬勃、素质良好的学子，充满自信地从这里走向未来，他们一如前七十五年的历届校友一样，为在成都七中这样的学校度过人生的春天而感到自豪。这些年来，成都七中的高考升学率常年保持在99%左右，绝大多数学生考上全国重点高校；北大、清华两校在四川录取的学生，15%都出自成都七中。并且，学校一直保持着成都地区清华、北大考取率最高、上重点线比例最高、线下生最少等几项纪录。在国际中学生奥林匹克数学、信息、生物等学科竞赛中获得五枚金牌、一枚银牌。2003年在全国生物比赛中包揽了全部六枚金牌中的五枚。如此优秀的表现，应该是全校师生奋发向上的一种标志。

当年的成都高等小学堂的身影已渐渐远去，成都七中就像一艘航船，在百年中国教育的风雨中颠簸起伏，随着时代的潮流驶进了一片宽阔的水域。纵观成都七中的一百年，是多少代教职员工和学生群体不断追求、探索、创新、进取的历史；是社会各界关注、支持、扶助的历史；因而也是一部厚重的、具有历史借鉴意义和现实指导意义的历史。

解子光，成县中初40班、高9班学生，1954—1979年任成都七中校长；朱正，成县中初55级秋4班、高58级6班学生。

| 后 记 |

2024年春天，成都七中一百一十九周年校庆之际，十位退休了的七中老校长聚在一起，经过讨论达成一项共识：2025年4月12日是成都七中一百二十周年校庆日，除了开展各种活动，还要给未来的七中留一点精神遗产。尤其是回答好"何以七中，七中何为"的历史之问。他们一致认为，总结七中历任校长的治校方略，尤其是梳理和总结以解子光为代表的校长们的教育思想、教育理念，是回答这个问题的关键所在。

选择解子光校长作为七中历任校长的主要代表，是因纵观解校长的一生，从1954年到1979年都在这所学校当校长，加上他在七中的前身成都县中读书的六年，他生命中有三十多年与这所学校相连。这也是他青年到中年长期工作的学校，是他口中的"妈校"。如果再加上他老年为成都七中编写《成都七中校志（1905—2005）》的那几年耄耋时光，他八十八岁的生命有将近一半与七中相融，那种灵与肉、情与魂的相融。通过呈现解子光的教育思想和治校方略，能够体现历届校长"何以七中"的精神画像。

老校长们郑重向七中建议，组建一个编委会。七中党委正式研究并形成相关纪要，将本书的创作作为七中一百二十周年校庆的重要工作进行部署，定期召开创作工作协调会和推进会。

吴晓鸣是七中的校友，她在2003年参加了七中百年校庆的筹备工作——参与编写《成都七中校志（1905—2005）》。她在校志编写组有幸与解校长有了长达两年的近距离接触。全方位领略了解校长的博学、严谨、深刻、睿智，更触摸到了解校长对"妈校"七中的深厚感情、对教育事业的魂牵梦萦。正是这样的经历，让编委会决定邀请吴晓鸣老师负责创作素材和资料的采访、搜集工作。吴晓鸣老师不顾七旬高龄，以对解校长为代表的校长们致敬的情怀、对"妈校"的深情厚谊，全力写就二十余万字的采访札记，为本书的创作打下了坚实的基础。

吴晓鸣老师阅读了《蔡元培传》《陶行知传》《晏阳初传》等十几本人物传记；又阅读了大量关于教育家、教育思想的著作，如《段力佩教育思想》《段力佩与育才中学》等；并从大量散见于各处的与七中、与解校长有关的资料及解校长的手稿中整理提炼相关文字。当解校长在中共十一届三中全会后不久的跨年夜彻夜撰写的洋洋洒洒万字长文手稿摆在编委会眼前时，编委们如获至宝，喜不自禁……

吴晓鸣老师怀抱成都县中第九任校长张佐时先生"治学勤，执事敬"的原则和态度，尽心尽力，把这些资料一一拍照存档，再整理成文字，仔细校对，最终将这些手稿、复印件上的十几万字原始资料转化为能用以专心阅读的电子版稿件。

在后期的成书创作中，罗晓晖老师领衔的七中若干教师与吴晓鸣老师、周渝霞老师一起，既基于历史的真实，又带着对当下教育发展的思考，以及对"七中何为"的探寻，夜以继日、废寝忘食地写作。这个写作集体本身就是新时期新七中教师群体精神风貌的呈现。

正因为这样一个由七中管理者、七中教师、七中校友及一切热爱关心七中的朋友和领导组成的创作集体，才最终为大家呈现出这一部新时代对教育家精神的校本解读和对七中一百二十周年校庆的献礼。

在此，我们特别感谢在创作过程中欣然接受采访的人员，他们是钟光映、王淑君、刘隆惠、龚廉光、曹宝静、陈祥玉、张祖群、黄孝珍、曾宪吉、罗炽星、徐元祖、张葆光等。感谢在我们对一个地点、一个人名、一张照片的拍摄时间感到无解时，给予我们准确答案和实证的老校友们，谢谢你们！我们尤其感谢解校长的亲属，他们为本书的创作提供了无可替代的文献资料和珍贵的历史照片。还要感谢四川教育出版社的大力支持与辛勤付出。

当然，因年代久远、资料难考，又囿于自身能力，这本书还存在许多的不足，书中对七中一百二十年办学经验的总结和提炼，与广大校友所期待的尚有不少差距，这是我们今后努力的方向。

通过本书的创作，我们深知，一本薄薄的书无法全面呈现、定义解校长的精神风貌、人格魅力、渊博学识以及爱生爱校的感人情怀。

同时，解校长又是能够被定义的，因为他用自己的生命实践了教育理想。从这个意义上讲，解校长是永远的成都七中校长！

本书编委会
于2025年3月31日